Annette Diepolder, Julika Schlüter u.a.

SKANDINAVISCHE *Lichter-* WEIHNACHT

Leuchtende Deko-Ideen selber machen

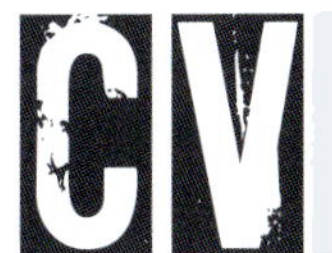

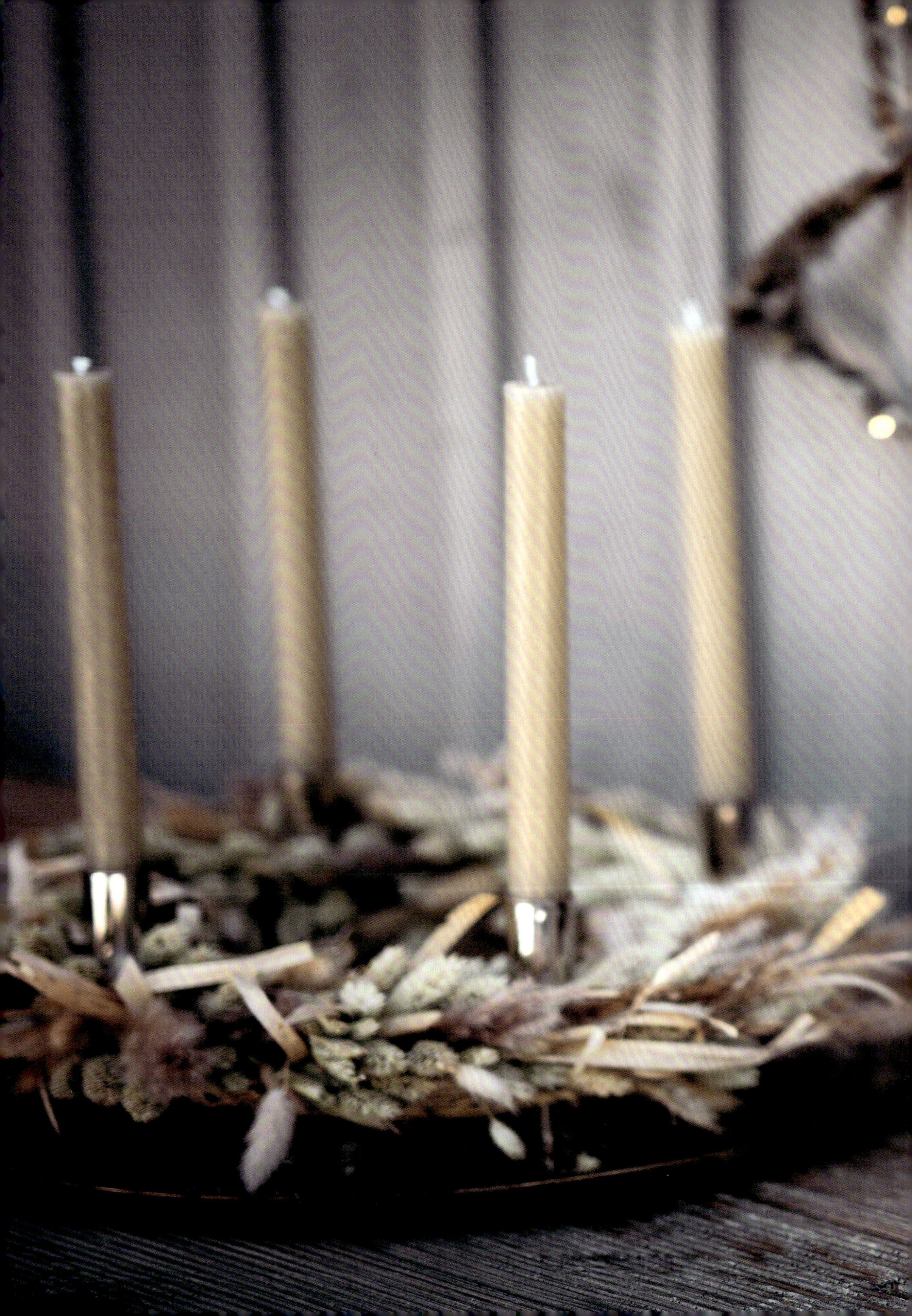

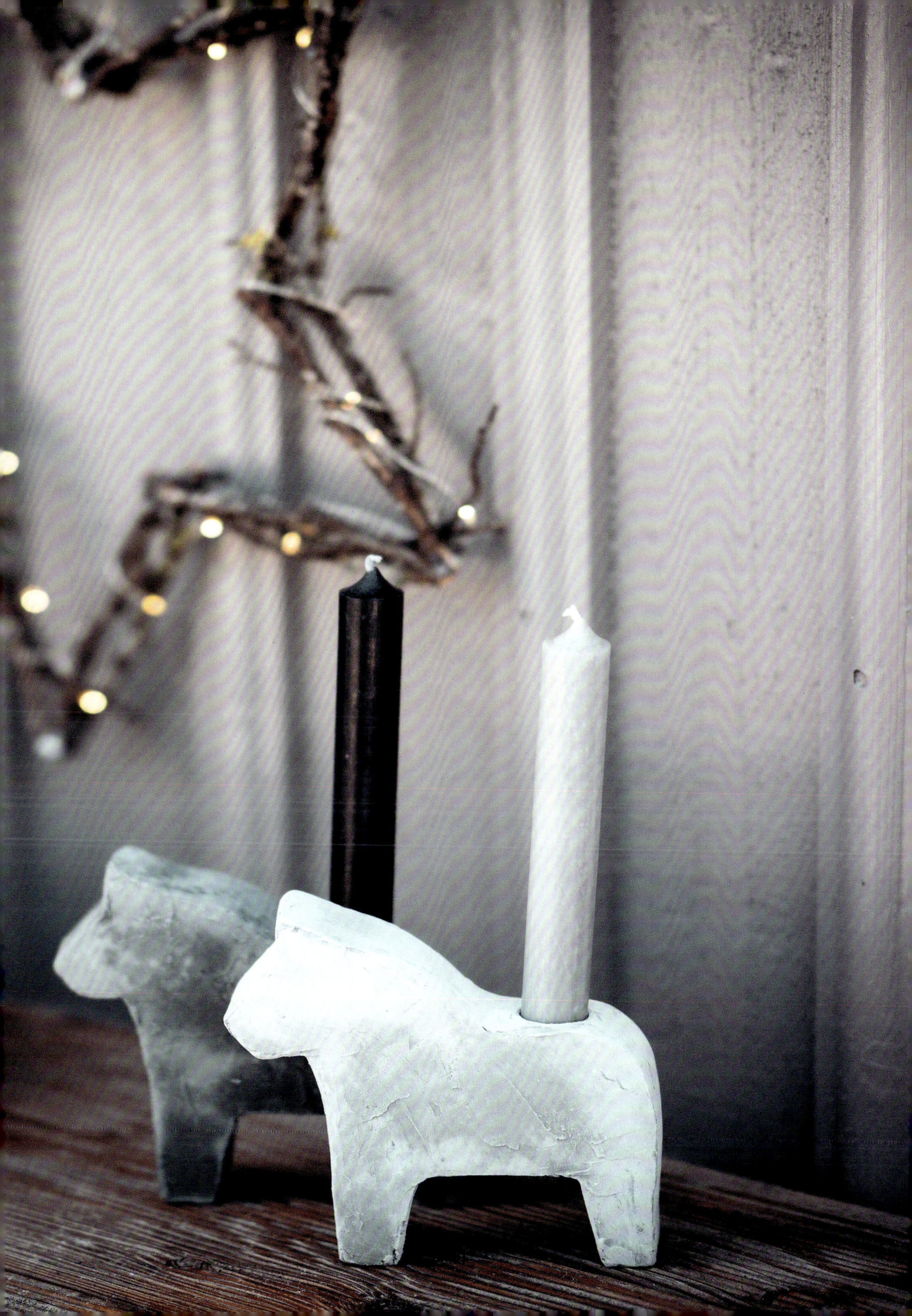

INHALT

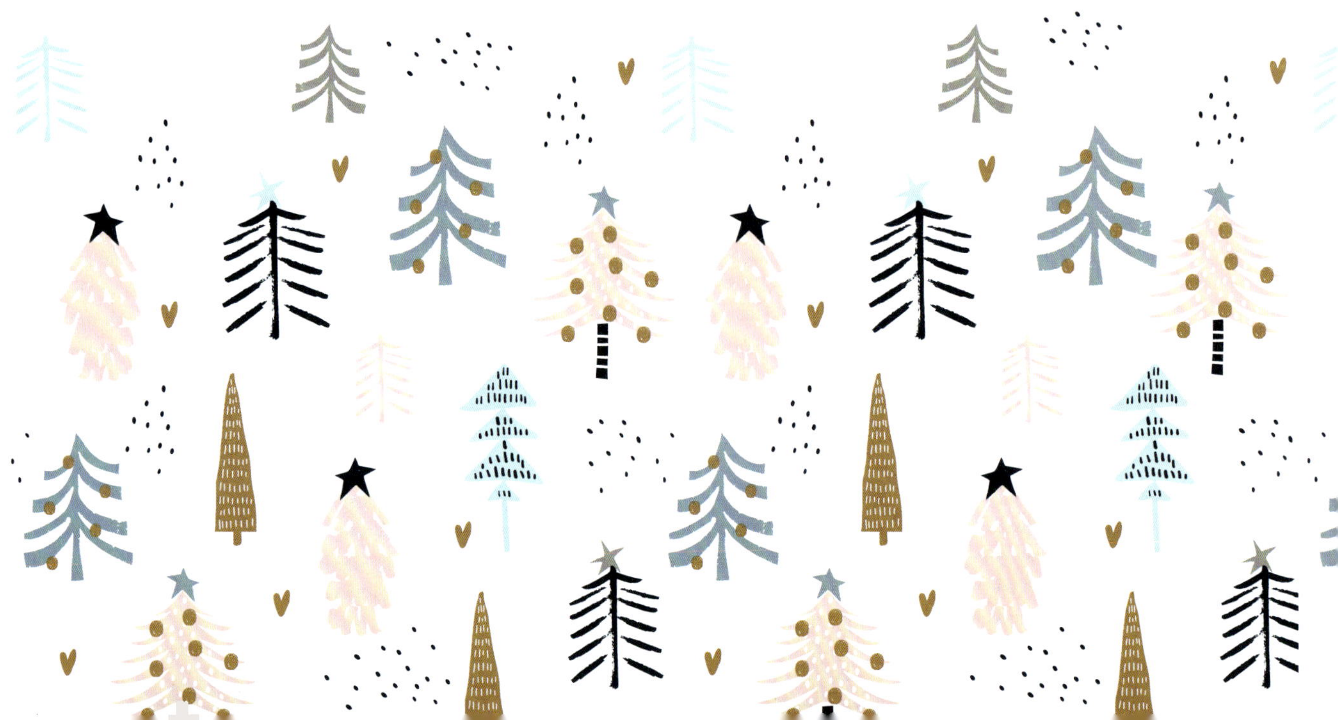

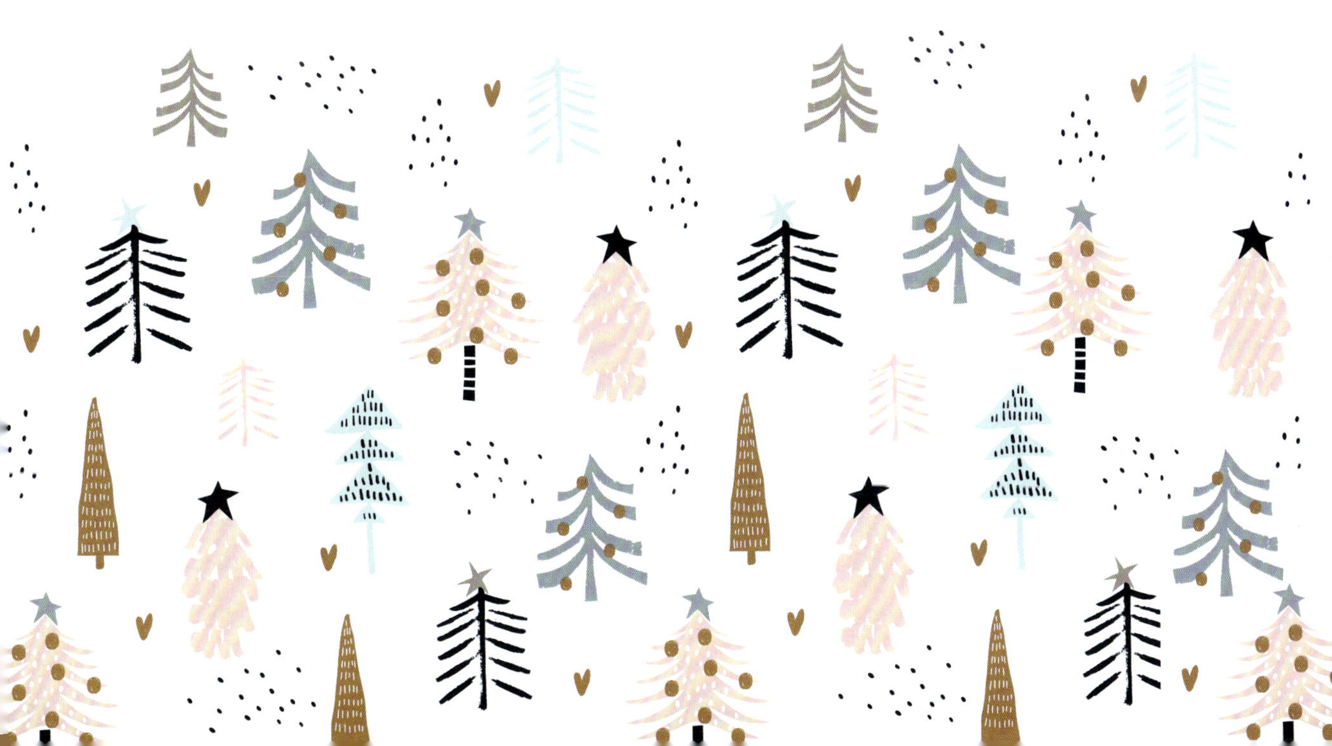

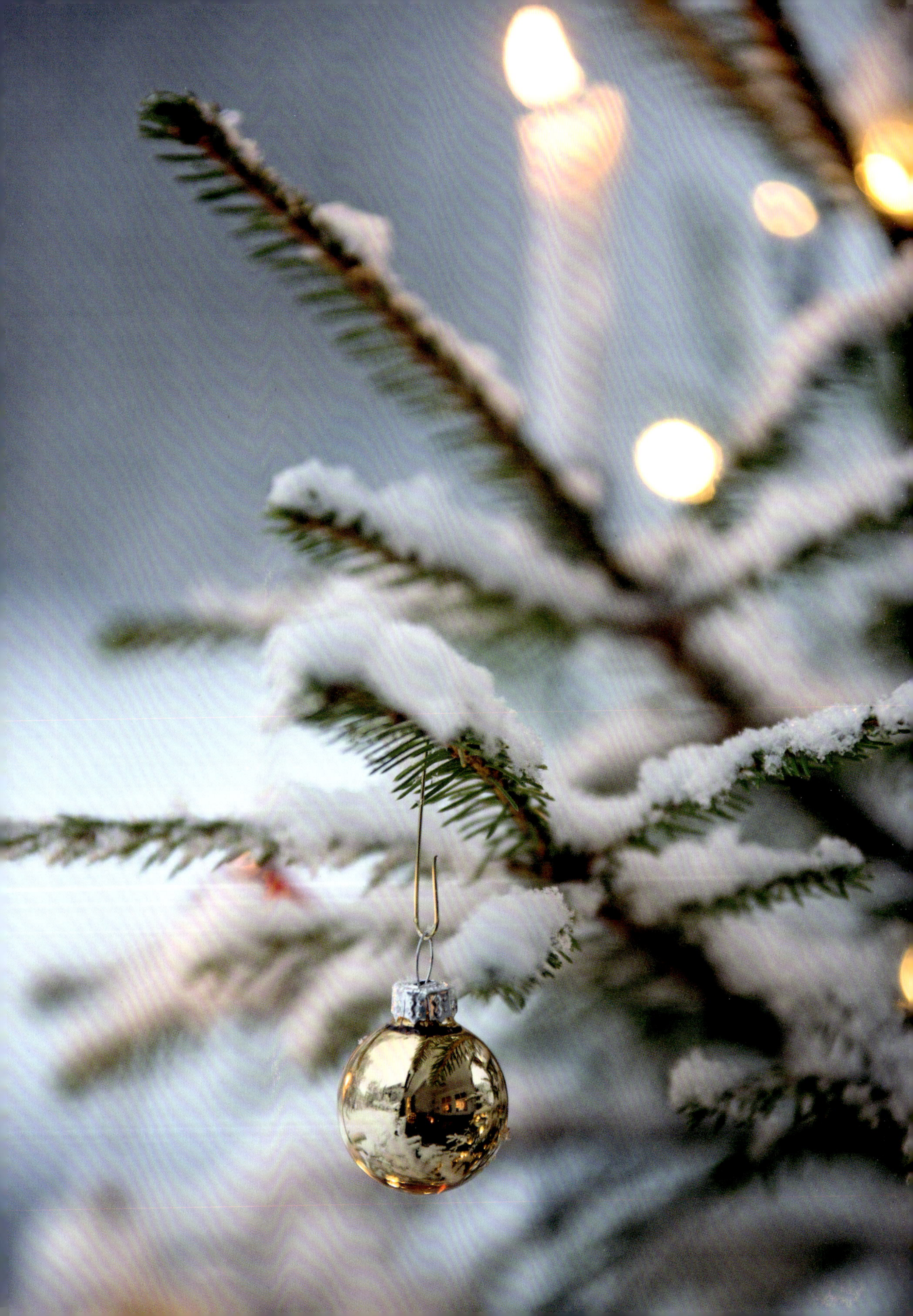

GOD JUL!

Wenn die Tage kürzer werden, machen wir es uns zu Hause gerne mit Kerzen und Lichterketten gemütlich. Und was gibt es zur Weihnachtszeit Schöneres, als die Deko einfach selbst zu basteln? Vorbei sind die Zeiten, in denen wir Selbstgemachtes nur mit kitschigen Staubfängern verbunden haben.
Der zeitlose Scandi-Style bietet auch für die Weihnachtszeit jede Menge stimmungsvolle Inspirationen, die noch dazu leicht selbst gebastelt werden können. Selbermachen ist so gefragt wie nie, macht Spaß und sorgt für den individuellen Touch in jedem Zuhause. Lass dich inspirieren von hübschen Bastelideen rund um weihnachtliche Deko-Objekte im skandinavischen Stil! Egal ob Holz, Beton oder Altglas – vor uns ist kein Material sicher.

Auch wenn du noch nicht der absolute DIY-Profi bist, ist dieses Buch perfekt für dich, denn viele Projekte sind kinderleicht nachzubasteln und im Handumdrehen kreiert. Zeichnen oder Handlettering liegen dir nicht? Kein Problem, denn wir liefern dir direkt einige Vorlagen mit, die du für deine DIYs verwenden kannst. Dieses Buch ist dein Retter für langweilige Winterabende!

Wir wünschen ganz viel Spaß beim Basteln und Dekorieren!

DAS LICHTERFEST SANTA LUCIA

Dass für die Skandinavier, allen voran die Schweden, Mittsommer eines der wichtigsten Feste des Jahres ist, hat sich mittlerweile herumgesprochen. Ein weiteres Fest, das ebenso stark verankert ist in der schwedischen Kultur, ist das vorweihnachtliche Luciafest. Das Lichterfest findet jedes Jahr am 13. Dezember, am Namenstag der heiligen Lucia, statt und hat eine etwa 250 Jahre alte Tradition. Denn das Licht hat in nordischen Ländern aufgrund der langen Winter eine besondere Bedeutung. Das Luciafest soll in dieser Zeit jenes fehlende Licht in die Dunkelheit bringen.

Im Mittelpunkt des Festes steht der Luciazug, angeführt von der Lichterkönigin Santa Lucia. Auf ihrem Kopf trägt sie eine Krone aus Kerzen. Ihr folgen in weißen Gewändern singende Mädchen und Jungs. Die Umzüge finden in Kirchen und auf zentralen Plätzen statt und bringen das Licht in Schulen, Kindergärten, Krankenhäuser und Büros in ganz Schweden.

Da bei keinem schwedischen Fest das Kulinarische zu kurz kommen darf, gibt es auch hier eine lange, leckere Tradition: Neben knusprigen Pfefferkuchen dürfen auch die „Lussekatter", süße Safran-Brötchen, nicht fehlen. Ein Rezept dieses köstlichen Gebäcks findest du auf Seite 100. Mit dieser Köstlichkeit und den zahlreichen leuchtenden Deko-Ideen in diesem Buch kann sich jeder ein Stück skandianvisches Weihnachtsgeühl nach Hause holen.

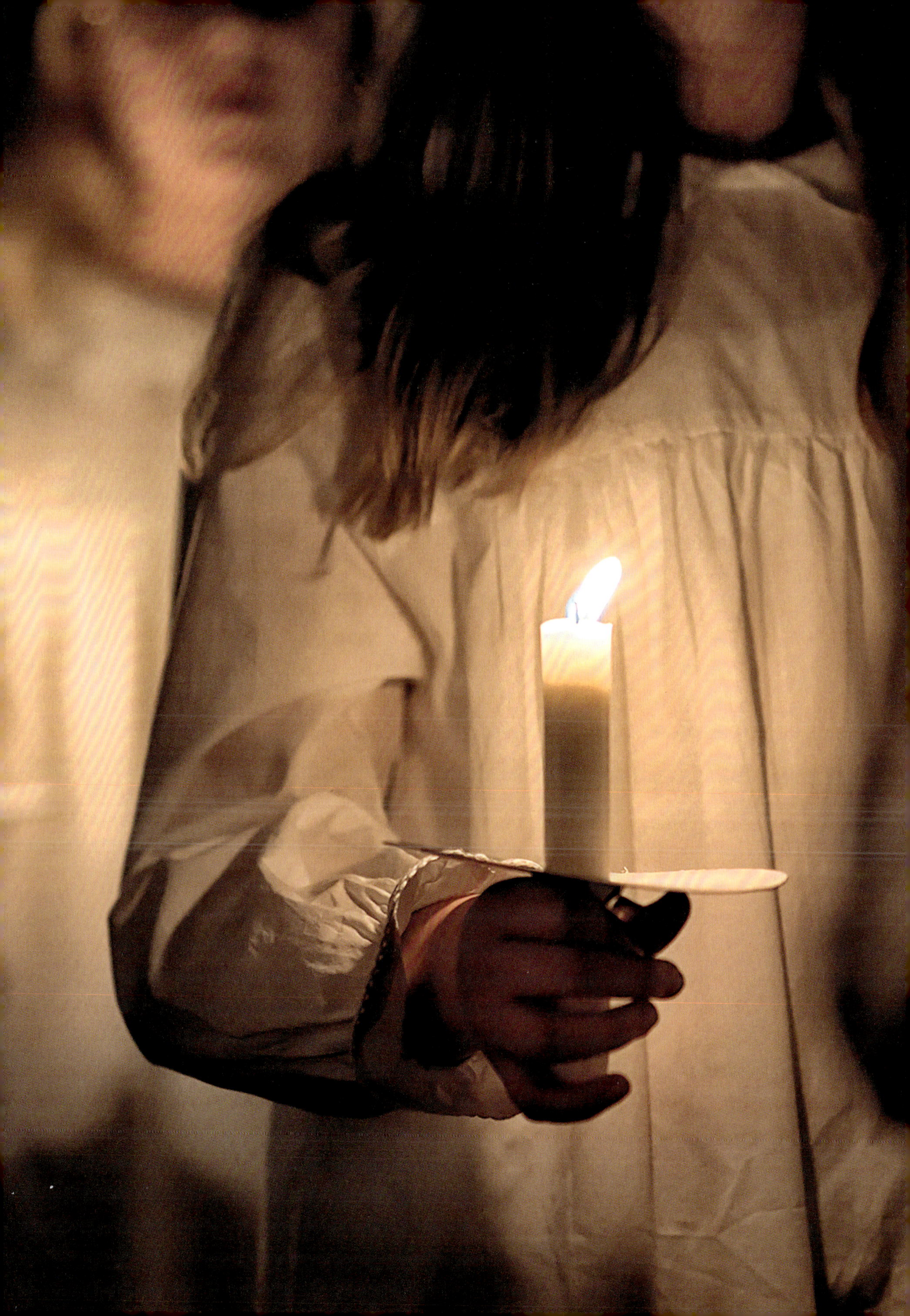

MATERIAL & TECHNIK

Lichterketten

Batteriebetriebene Lichterketten für den Innenbereich mit 20 oder 40 Lämpchen sind in unterschiedlichen Ausführungen im Fachhandel erhältlich. Sehr beliebt sind LED-Drahtlichterketten, darin sind die Lämpchen schon integriert. Zur Beleuchtung von Tischlichtern aus Papier aus Sicherheitsgründen nur LED-Teelichter verwenden.

Vorlagen übertragen

Transparentpapier auf die Vorlage legen und alle Umrisse mit einem Bleistift umfahren.
Das Papier wenden, alle Linien auf der Rückseite nachziehen. Das Transparentpapier nochmals umdrehen, auf das Werkmaterial legen und alle Linien erneut umfahren; auf diese Weise überträgt sich der Grafit des Bleistifts auf das Papier. Diese Technik ist hilfreich, wenn nur ein Motiv benötigt wird.

Schablonen herstellen

Wenn mehrere gleiche Motivteile benötigt werden, lohnt es sich, eine Schablone anzufertigen. Alle Umrisse vom Vorlagenbogen mit Bleistift auf Transparentpapier übertragen. Das Transparentpapier auf eine dünne Pappe kleben und das Motiv ausschneiden. Die Schablone auf Werkmaterial legen, mit einem Bleistift umfahren und alle Teile ausschneiden.

Kleben

- ✯ Die meisten Materialien in diesem Buch lassen sich mit Alleskleber gut befestigen. Alleskleber immer dünn auftragen, die Einzelteile verbinden und etwas antrocknen lassen.
- ✯ Für Papierarbeiten kann auch ein schnell trocknender Klebestick verwendet werden.
- ✯ Um verschiedene Materialien schnell miteinander zu verbinden, ist Heißkleber zu empfehlen; darauf achten, dass beim Kleben keine tropfenförmigen Verdickungen entstehen.
- ✯ Mit doppelseitigem Klebeband die Batteriefächer der LED-Lichterketten in Deckeln oder auf den Rückseiten der Modelle fixieren.

Sägen

Hilfsmittel und Werkzeuge

- ✯ Dekupiersäge oder Laubsäge mit Sägeblättern, Tischchen und Schraubzwinge
- ✯ Schleifpapier, 150er-Körnung
- ✯ Akku- oder Handbohrer (z. B. Bohrer Ø 3 mm, Ø 4 mm)
- ✯ Holzleim Express

Die Laubsäge eignet sich für Holzbretter bis zu einer Stärke von 8 mm. Das Holz mit einer Schraubzwinge an einer festen Unterlage befestigen. Beim Sägen den Sägebogen waagerecht halten. Für dickere Bretter ist eine elektrische Dekupier- oder Stichsäge zu empfehlen.
Auch kleinere, filigrane Modelle können damit sehr gut ausgesägt werden. Beim Sägen das Holz immer mit beiden Händen unter festem Druck auf dem Sägetisch und leicht gegen das Sägeblatt führen, um ein Ausschlagen zu verhindern.

Arbeiten mit der Laubsäge

Beim Arbeiten mit der Laubsäge darauf achten, dass das Holz flach auf dem Sägetisch aufliegt und das Sägeblatt rechtwinklig in das Holz sticht. Der Sägebogen steht parallel zum Unterarm. Ab und zu das Sägeblatt austauschen, da die Arbeit mit einem scharfen Blatt wesentlich einfacher ist. Außerdem fransen die Holzkanten nicht so stark aus.

MATERIAL & TECHNIK

Holzteile verbinden (verleimen)

Zum Verbinden der Holzteile am besten Holzleim Express verwenden. Den Leim gleichmäßig auf die Oberfläche des Holzzuschnitts streichen und auf das Werkstück drücken. Dabei den Holzzuschnitt ganz leicht hin und her bewegen, damit eventuell vorhandene Luftblasen entweichen können. Anschließend eine Klemme anbringen, um beide Teile bis zum Aushärten des Leims zu fixieren.

Bemalen

Die Farbe stets in die gleiche Richtung streichen, dabei dem Verlauf der Holzmaserung folgen. Für Schattierungen mit einem Schwämmchen wenig Farbe aufnehmen. Am besten die Farbwirkung zuerst an einem Holzrest prüfen. Holzkanten ebenfalls grundieren und bemalen. Auf einem weißen Untergrund kommen alle weiteren Farben besser zur Geltung; deshalb das Holz zunächst in einem hellen Ton grundieren.

Arbeiten mit Beton

Für Deko-Objekte aus Beton eignen sich am besten fertige Betonmischungen, die es im Bastelbedarf auch in kleinen Mengen zu kaufen gibt. Dem sogenannten Kreativ-Beton wird nur Wasser hinzugefügt und er ist dann sofort einsatzbereit. Zum Modellieren eignet sich Knet-Beton am besten. Dabei handelt es sich um eine feine Masse, die auch ausgestochen werden kann. Ein weiterer Vorteil von Knet-Beton ist das Trocknen an der Luft. Die Masse muss nicht wie beispielsweise Ton gebrannt werden.

Beton-Formen

Als Betongießform eignen sich viele unterschiedliche Formen aus verschiedenen Materialien. Besonders gut lassen sich Betonmodelle mithilfe von Kunststoffgefäßen oder fester Pappe herstellen. Aber auch Formen aus Holz, Silikon, Gummi oder Metall können verwendet werden. Backformen, Frischhaltedosen, Schüsseln, Einweggeschirr, Plastikflaschen, Joghurtbecher, Saft- oder Milchkartons und viele weitere Verpackungen können als Gießform verwendet werden. Mittlerweile gibt es auch extra Betongießformen im Handel zu kaufen. Vor dem Gießen sollten die Formen gründlich mit Speiseöl ausgepinselt werden.

Beton gießen

Beim Einfüllen des Betons in die Gießform sollte man darauf achten, dass sich die Masse gut in allen Ecken verteilt. Daher sollte man die Form nach dem Befüllen am besten auf einem Tisch aufklopfen und etwas rütteln, um spätere Luftblasen zu verhindern. Nach dem Gießen sollten Eimer, Löffel und alle weiteren Werkzeuge sofort gründlich saubergemacht werden. Denn ist alles erst mal ausgehärtet, lässt sich der Beton kaum noch entfernen. Nach dem Befüllen der Form heißt es warten. Wie lange ein Modell zum Aushärten braucht, hängt von seiner Größe, Dicke und der verwendeten Betonmischung ab.

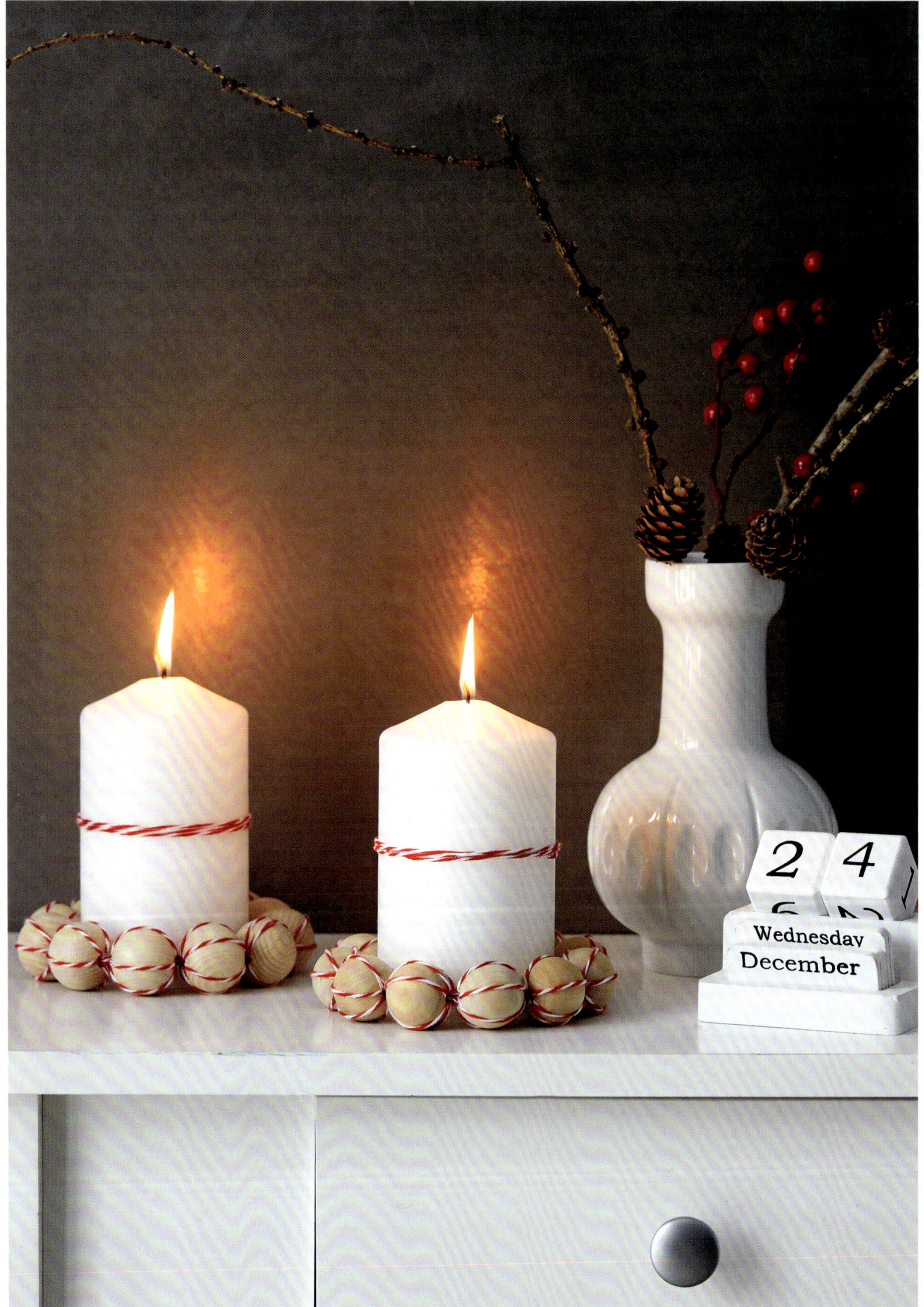
24
Wednesday
December

Kugelige Kerzenhalter

Material

Für einen Kerzenring

Rohholzkugeln (durchbohrt): 12 x Ø 3 cm (Bohrung: Ø 6 mm)

Bäckergarn, weiß-rot, ca. 8 m

Stumpenkerze, weiß

Hilfsmittel

Sticknadel

Schere

So geht's

Zunächst jede Holzkugel mit einem weiß-roten Bäckergarnfaden dekorieren, hierfür 12 etwa 50 cm lange Fäden zuschneiden. Jeweils einen Faden auf eine Sticknadel fädeln, durch das Loch einer Kugel führen und sechs Schlaufen um die Kugel herumlegen; die Fäden jeweils festziehen. Die Fadenenden verknoten, die überstehenden Fäden abschneiden. Die Schlaufen der Abbildung entsprechend gleichmäßig um die Kugel herum positionieren und den Knoten in das Loch stecken.

Nun die Kugeln zu einem Ring zusammenfügen: einen etwa 1 m langen Faden zuschneiden, die Kugeln auffädeln, die beiden Fadenenden verknoten und anschließend kürzen.

Eine weiße Kerze in der Mitte mit Bäckergarn umwickeln und in die Mitte des Kerzenrings setzen.

Beleuchteter Stern aus Naturholz

Material

dünne Äste

LED-Lichterkette aus Draht, 120 cm

Papierschnur, natur

Druckerpapier

Hilfsmittel

Sticknadel

Schere

Heißkleber

So geht's

Einen Stern zeichnen oder eine Sternvorlage mit 5 Spitzen in der gewünschten Größe ausdrucken. Die Länge der Aststücke entsprechend der Seitenlänge der Sternspitzen zuschneiden und mit Heißkleber zusammenkleben.

Für die Stabilität des Sterns mindestens drei Lagen Äste aufeinander kleben. Die Lichterkette anschließend vorsichtig um den Stern herumwickeln, das übrige Kabel mit dem Batteriefach als Aufhängung benutzen und mit Papierschnur umwickeln.

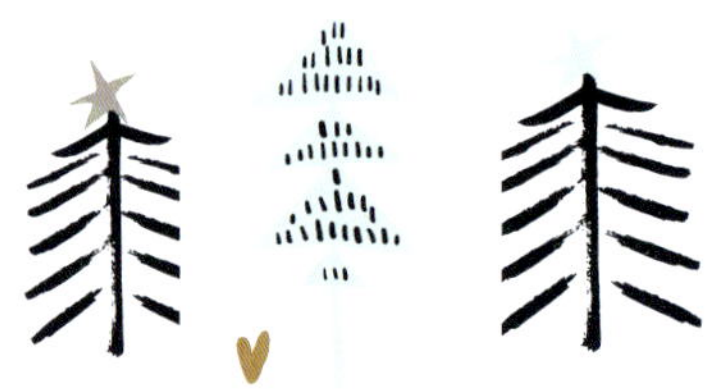

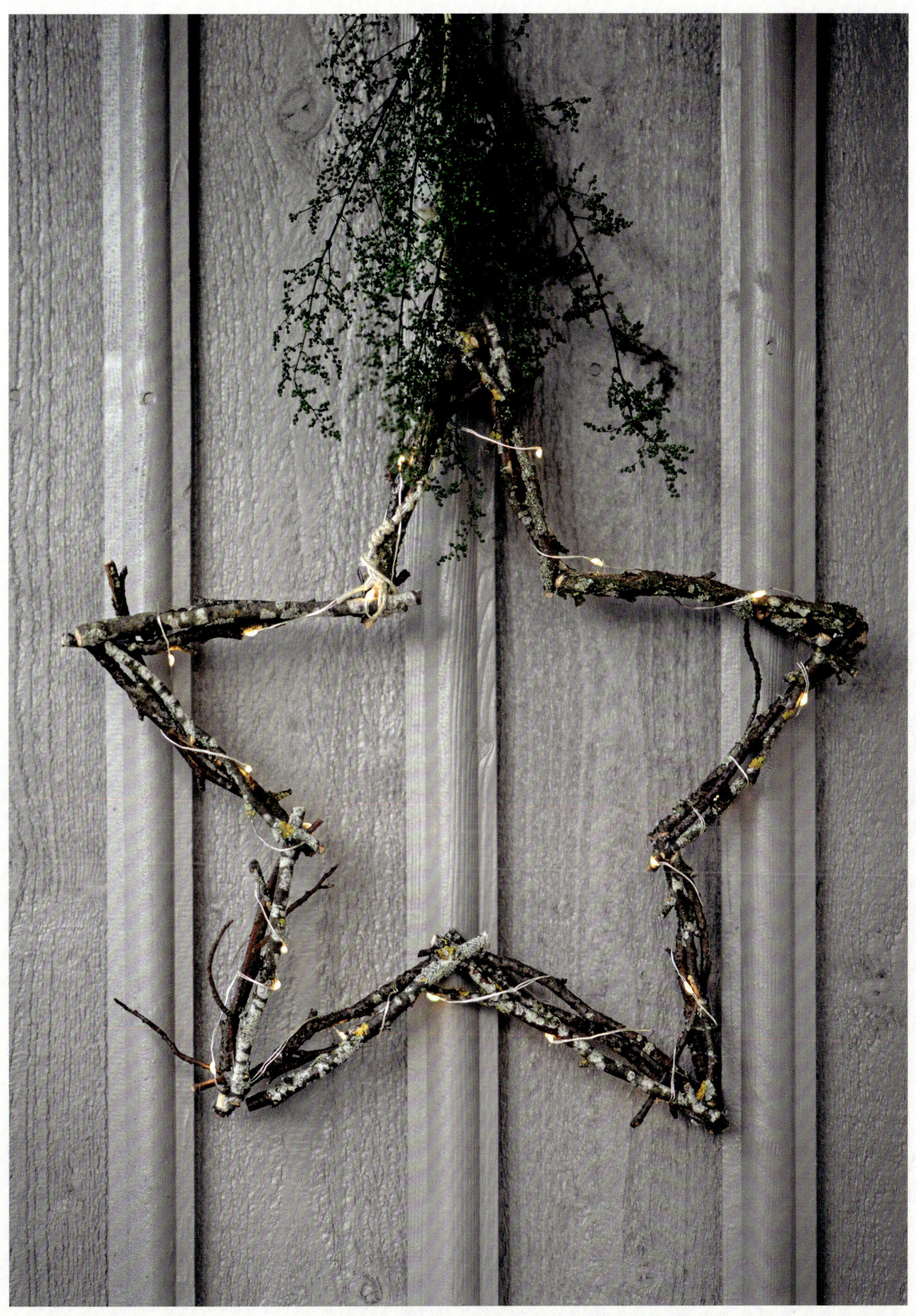

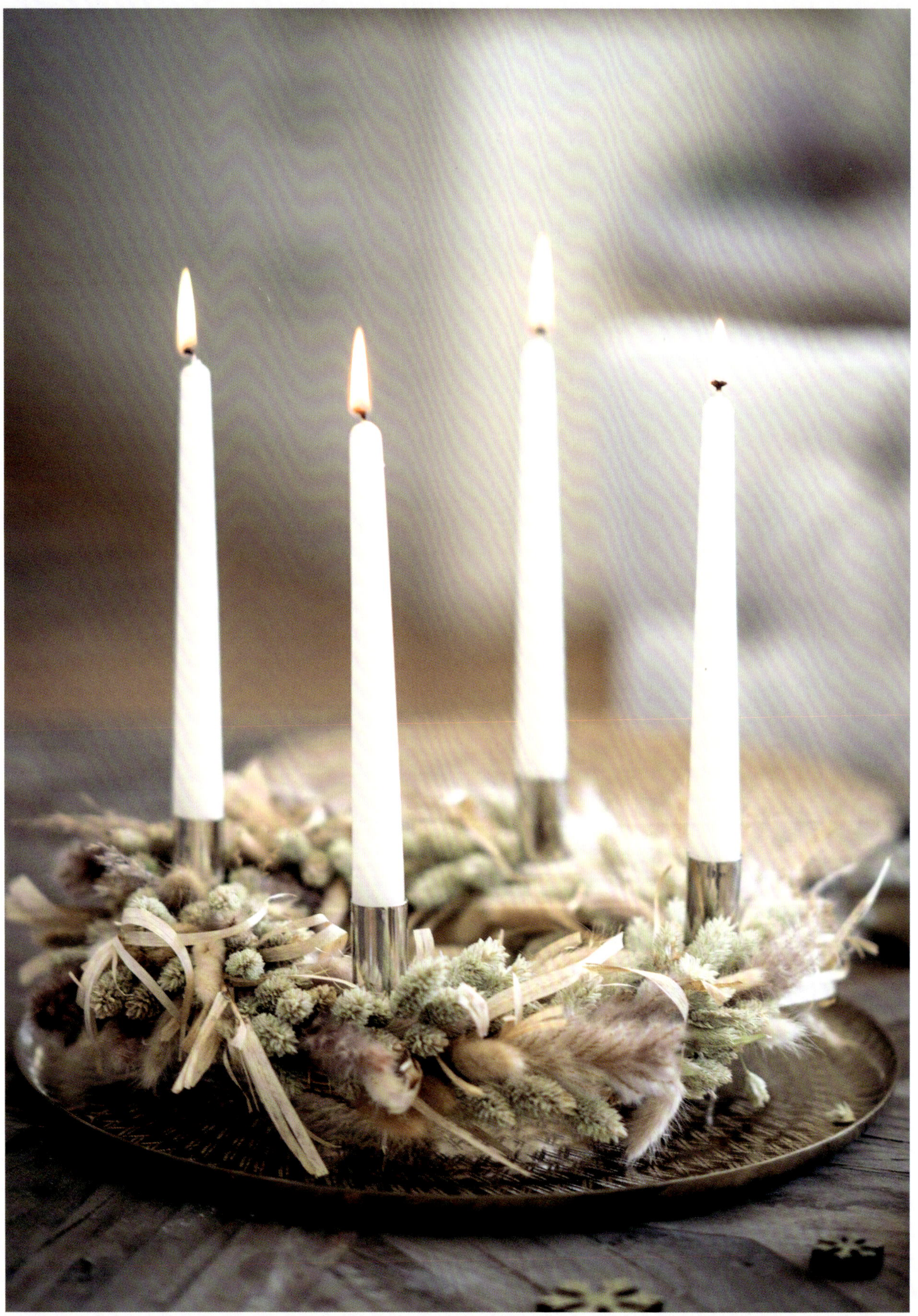

Trockenblumen-Adventskranz

Material

Strohkranz, superdünn, natur Ø 25 cm
45 Stück Lagurus-Gras, natur
10 Stück Pampas-Gras, natur
Echtes Phalaris, natur
Messingdraht, Ø 0,5 mm
4 Stabkerzenhalter, silber, Ø 2,3 cm
4 Stabkerzen, ecru

Hilfsmittel

Schere

So geht's

Kleine Sträuße aus den verschiedenen Trockenblumen zusammenstellen und darauf achten, dass mit unterschiedlichen Höhen gearbeitet wird. Die Sträuße am Stiel direkt unter dem letzten Pflanzenkopf mit Draht umwickeln, sodass sie zusammenhalten. Stiele knapp unter dem Draht abschneiden.

Den Draht einmal um den Strohkranz wickeln und verzwirbeln, sodass er befestigt ist. Die kleinen Sträuße nach und nach auf den Strohkranz legen und befestigen, indem der Draht zweimal um den Kranz gewickelt wird. Fortführen, bis der ganze Kranz voller Trockenblumen ist.

Stabkerzenhalter an die gewünschten Stellen in den Kranz stecken. Achtung: Nur unter Aufsicht brennen lassen, da sich die Trockenblumen entflammen können.

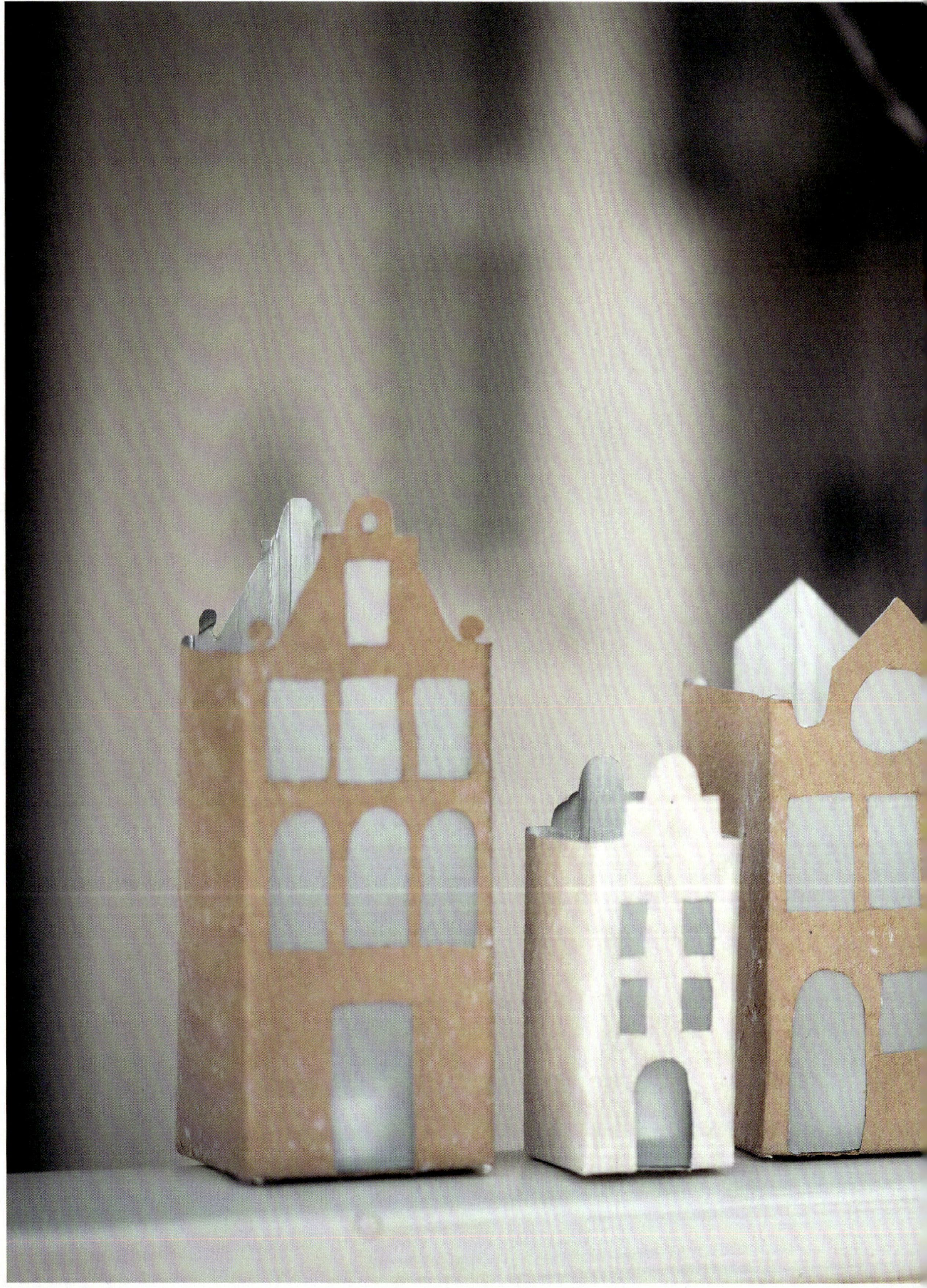

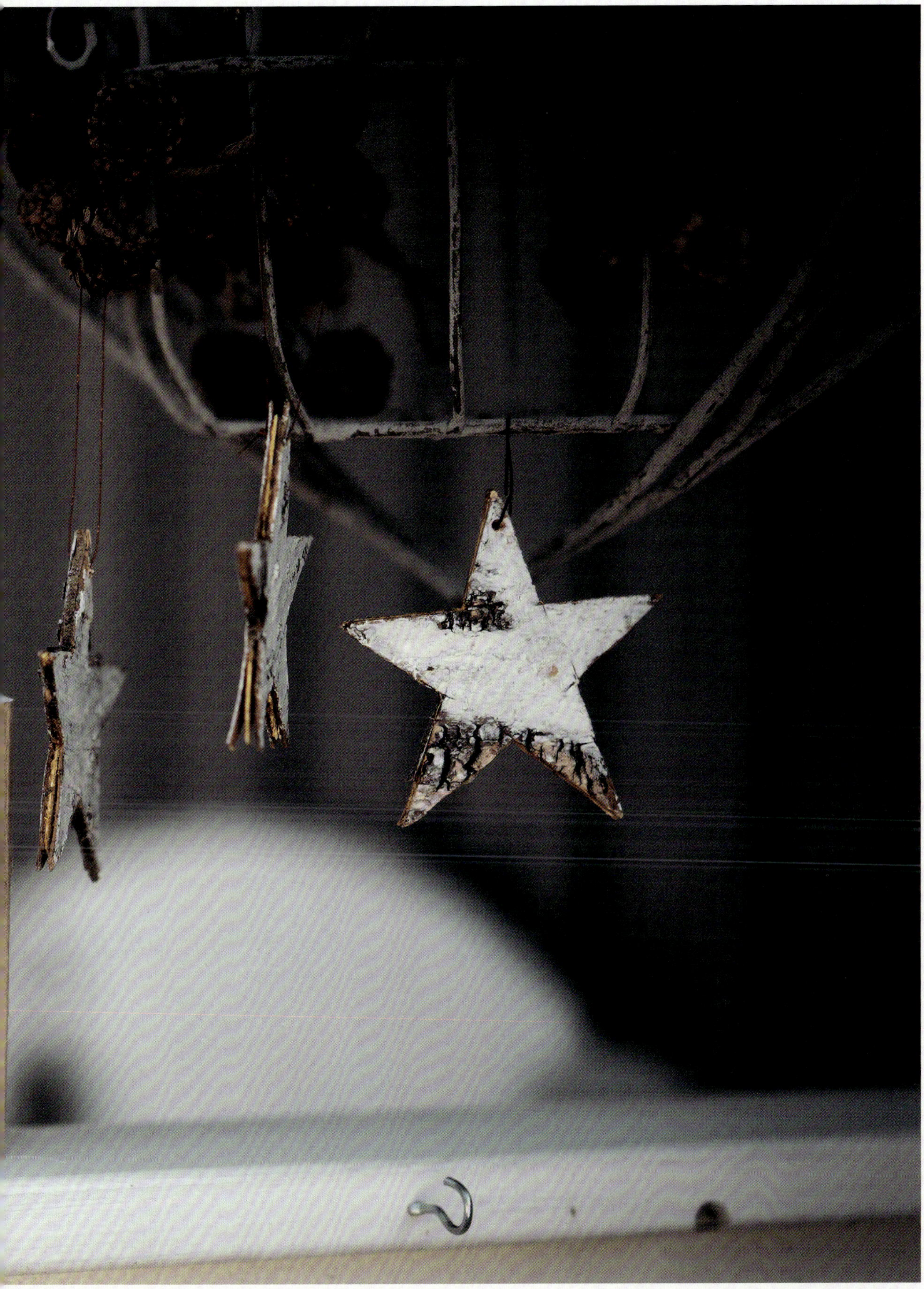

Leuchtende Stadt

Material

leere Milch- oder Saftkartons
Transparentpapier, weiß
doppelseitiges Klebeband
LED-Kerzen
Vorlagen

Hilfsmittel

Bleistift
Lineal oder Geodreieck
Schere
Bastelmesser

So geht's

An der Nahtkante des Getränkekartons die bedruckte Schicht vom gesamten Karton abziehen. Die Vorlage (ab S. 102) ausschneiden und mit einem Bleistift die gewünschte Hausform mit Fenstern und Türen vorzeichnen.

Mit einer Schere die Dachform des Hauses ausschneiden. Mit einem Bastelmesser die Fenster und Türen ausschneiden. Ein Stück Transparentpapier auf die Größe der Hausfront zurechtschneiden. Ränder und Zwischenräume zwischen den Fenstern von innen mit schmalem, doppelseitigem Klebeband versehen. Transparentpapier von innen auf das doppelseitige Klebeband drücken.

LED-Kerze in das Haus stellen.
Vorsicht: nicht mit normalen Kerzen verwenden!

Duftender Adventskranz

Material

Tablett oder Kiste, ca. 35 x 15 cm

Steckmasse

4 Kerzen, schwarz

4 Stabkerzenhalter

Moos

Tannenzapfen

Sternanis

Zimtstangen

Hilfsmittel

Messer

Klebepistole

So geht's

Die Steckmasse auf die Maße des Tabletts zuschneiden, und mit der Heißklebepistole im Tablett befestigen. Die Stabkerzenhalter mit ein wenig Abstand zueinander in die Steckmasse setzen. Die Kerzen in die Halter stecken.

Nun das Moos zwischen den Kerzen verteilen. Es sollte keine Steckmasse mehr sichtbar sein. Mit den Tannenzapfen, Sternanis und Zimtstangen dekorieren.

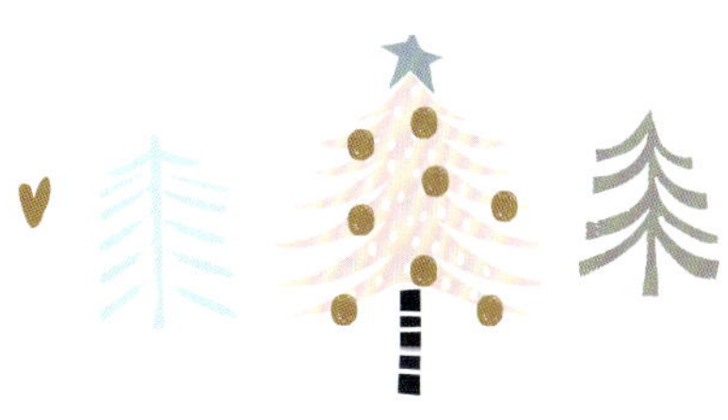

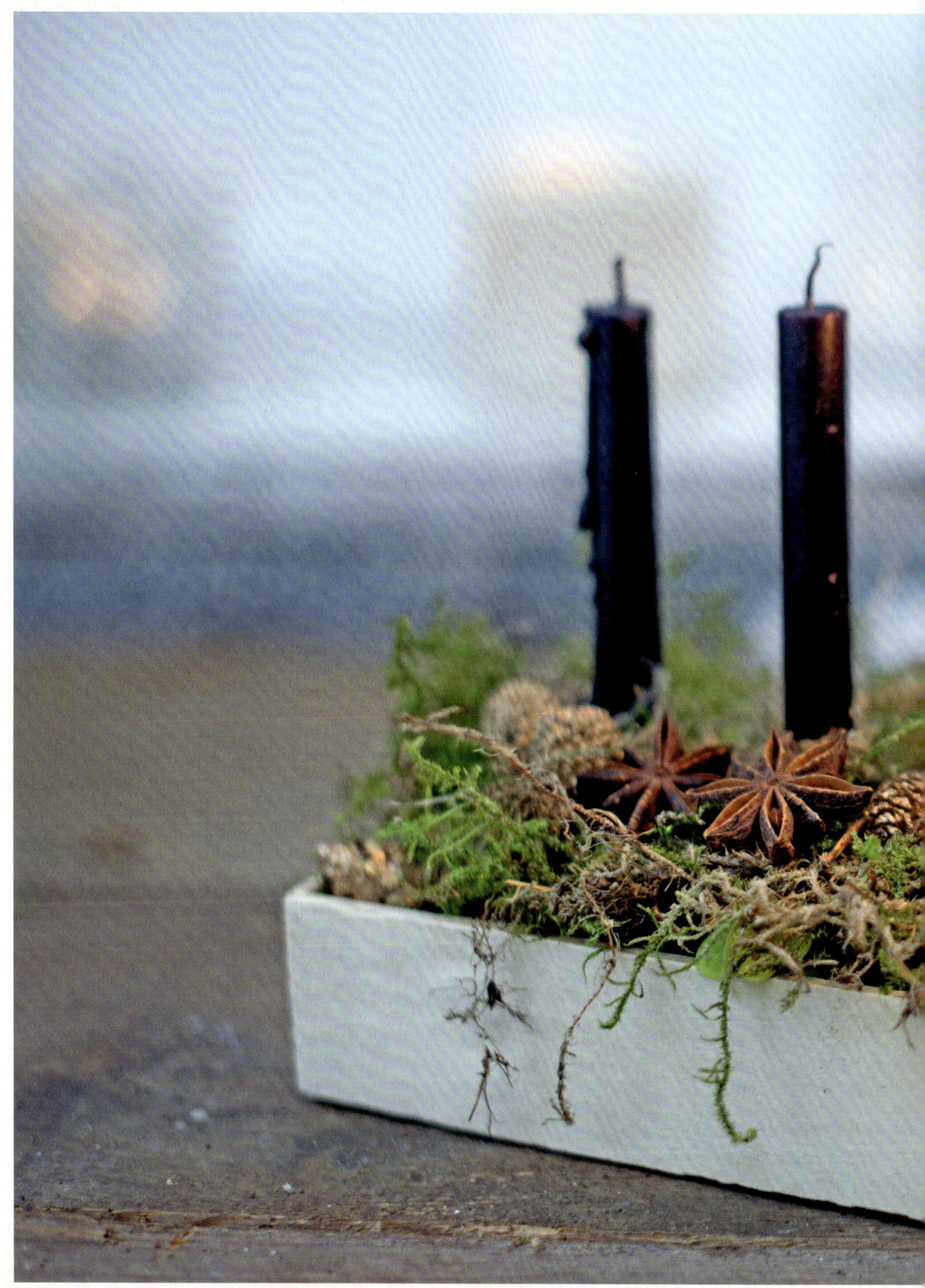

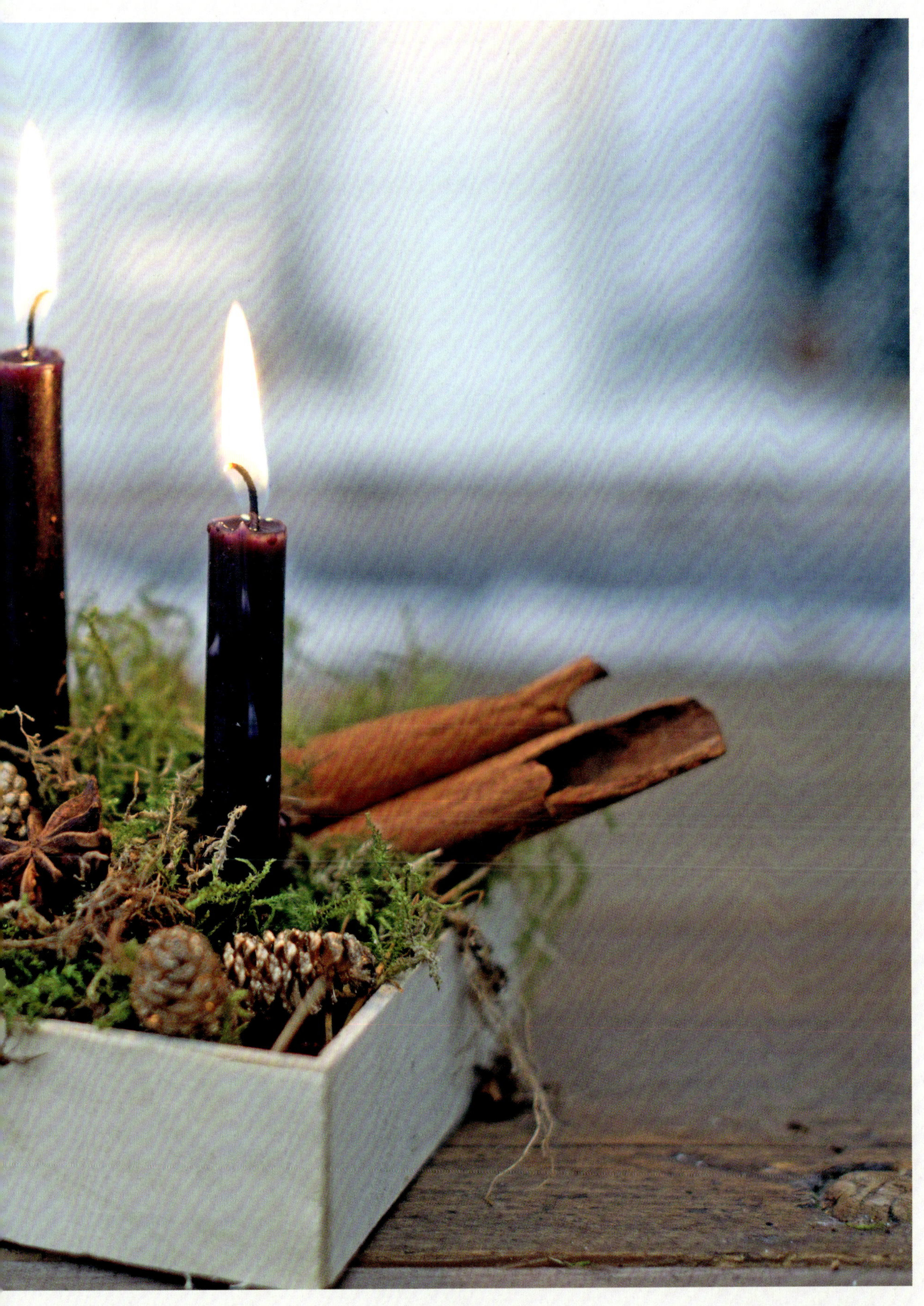

Leuchtender Stern

Material

Holzstern, 40 x 40 x 4,5 cm
Rohholzkugeln: 10 x Ø 2 cm, 2 x Ø 4 cm, 2 x Ø 5 cm
Glaskugeln:
in Weiß: 3 x Ø 5 cm, 1 x Ø 3 cm, 1 x Ø 4 cm, 1 x Ø 2 cm
in Kupfer: 7 x Ø 3 cm, 2 x Ø 4 cm
5 Styroporkugeln, weiß, Ø 2 cm
Tannenzapfen in verschiedenen Formen und Größen
LED-Lichterkette mit 20 Lämpchen, 190 cm
Acrylfarben, kupfer, schwarz

Hilfsmittel

Heißkleber
Pinsel

So geht's

Die beiden Rohholzkugeln mit Ø 4 cm sowie zwei Kugeln mit Ø 2 cm schwarz, die restlichen Holzkugeln kupferfarben bemalen; die Farbe gut trocknen lassen.

Die Kugeln und Zapfen Schritt für Schritt in den Stern kleben, dabei am besten bei den Zackeninnenflächen beginnen; zuletzt den Bereich in der Mitte des Sterns ausfüllen.

Kleinere Zwischenräume zum Schluss mit Minizapfen verschließen. Die Lämpchen gleichmäßig verteilt von hinten in die Zwischenräume schieben.

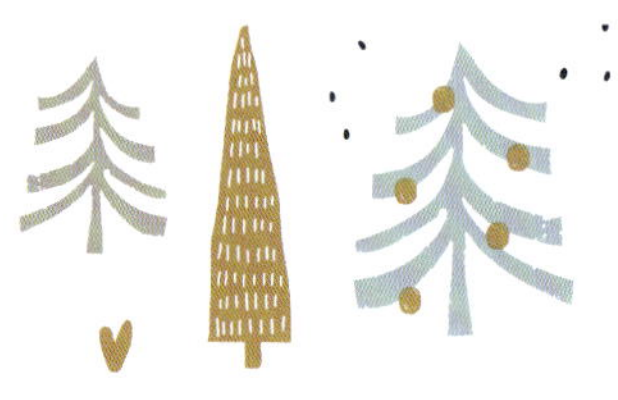

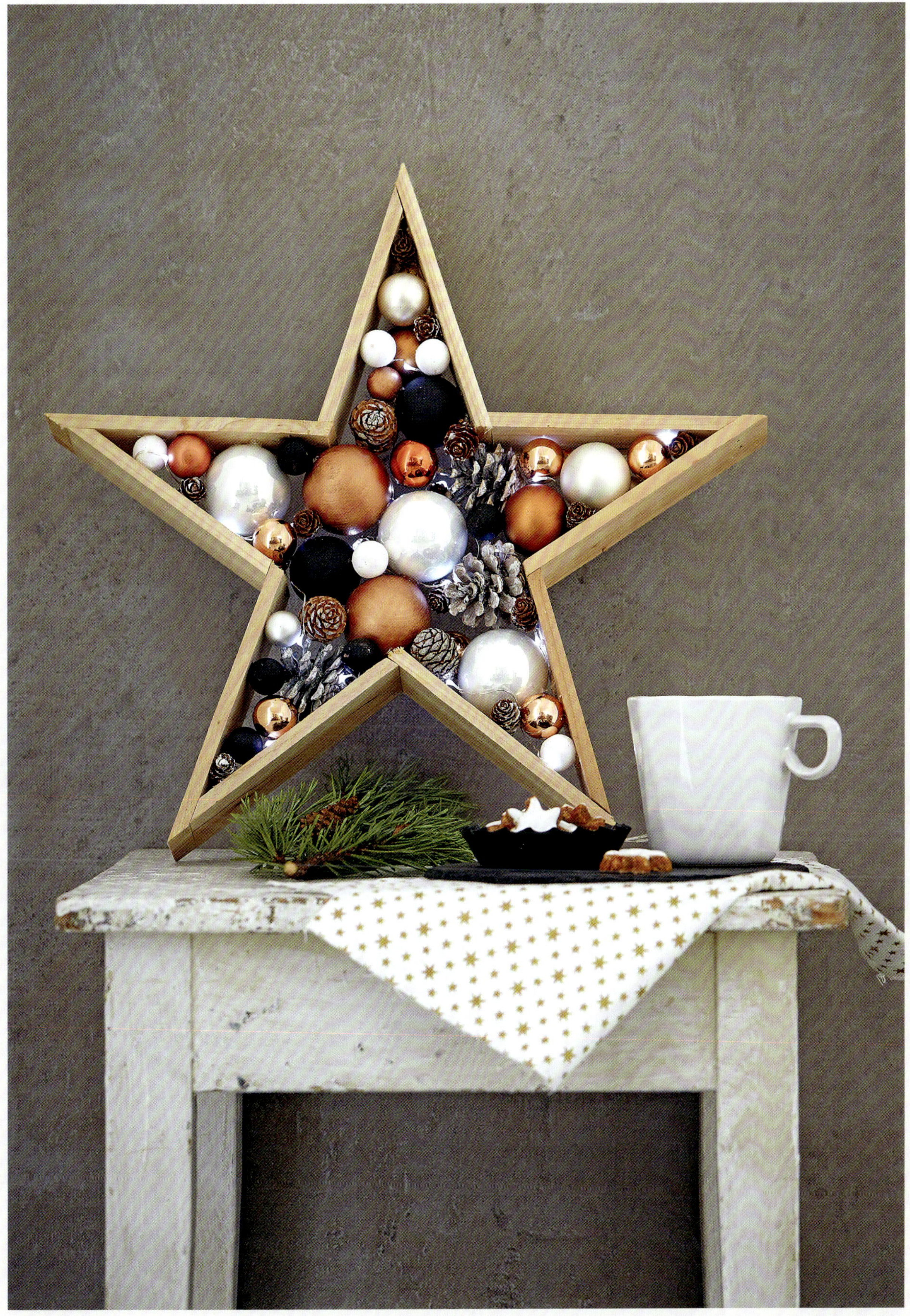

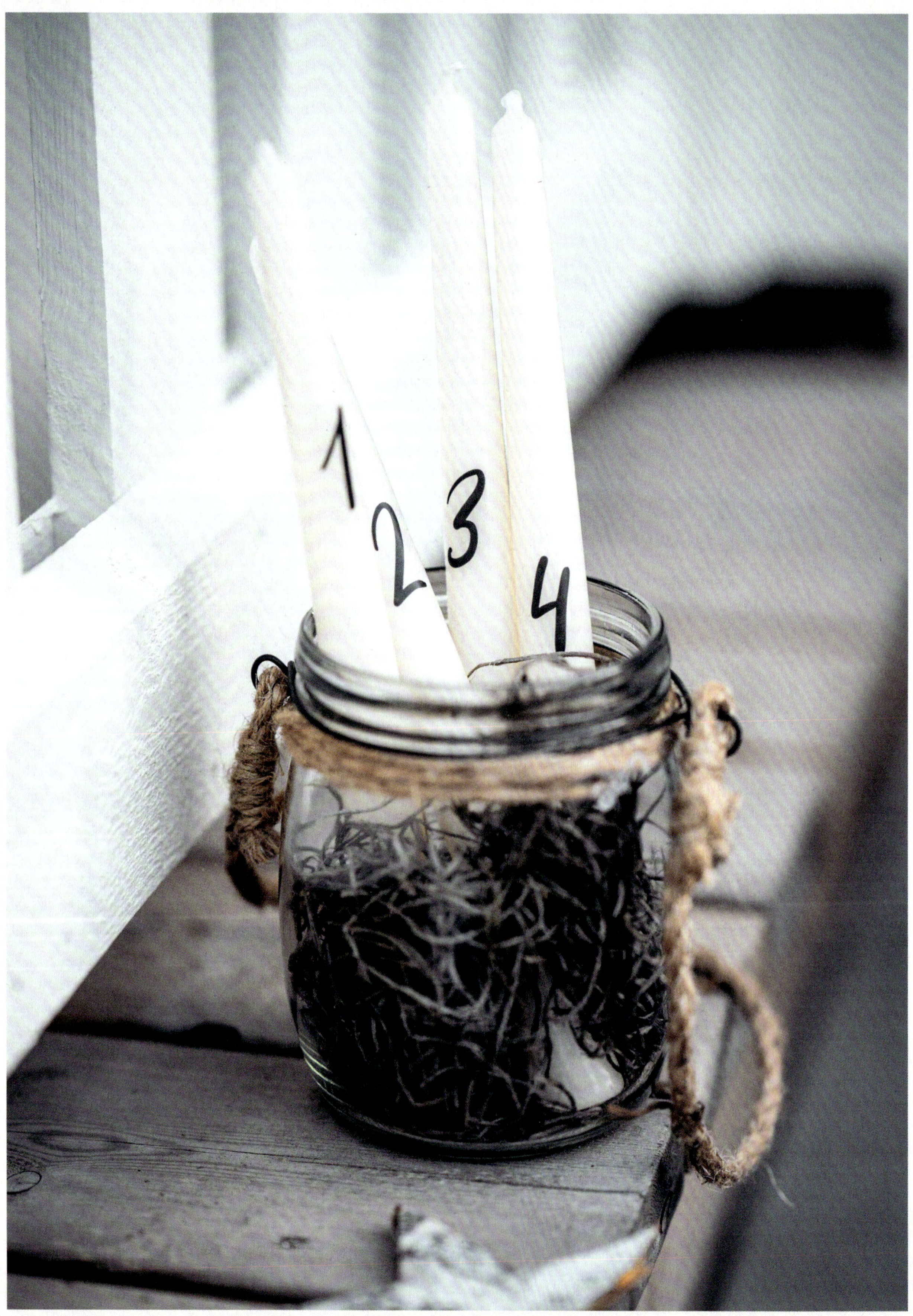
1
2
3
4

Stabkerzen mit Adventszahlen

Material

4 Stabkerzen, ecru

Transferfolie Adventszahlen

Hilfsmittel

lauwarmes Wasser

Tuch

So geht's

Die Zahlen „1" bis „4" ausschneiden und kurz in lauwarmes Wasser legen, damit sich die Folie vom Trägerpapier löst. Anschließend die Folie vorsichtig auf die Kerze schieben, überschüssiges Wasser mit einem Tuch entfernen und alles trocknen lassen.

Alternativ lassen sich die Zahlen auch mit einem Wachsstift auftragen. Dies erfordert allerdings ein wenig Übung.

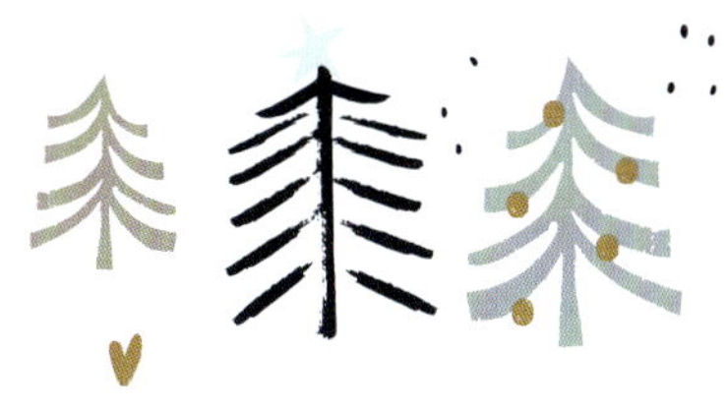

Windlicht mit Sockel

Material

Altglas

Wiener Geflecht, natur

Makramee-Garn, natur, 3-fach verzwirnt, Stärke: 3 mm

Häkelnadel, 4 mm

dünne Pappe

Karton

4 Spielfiguren aus Holz

LED-Kerze

Hilfsmittel

Heißkleber

So geht's

Wiener Geflecht auf die Höhe und den Umfang des Glases zuschneiden. Das Geflecht mit Heißkleber am Glas fixieren. Dafür alle Kanten mit Kleber benetzen, damit diese nicht aufgehen können.

Einen schmalen Streifen dünne Pappe (z. B. von einer Verpackung) zurechtschneiden, der etwas länger ist als der Umfang des Glases. Den Streifen mit Makramee-Garn umwickeln. Den Anfang des Garns mit Heißkleber fixieren und auch während des Wickelns immer mal wieder festkleben. Den Streifen um das Gewinde wickeln und festkleben.

Aus festerem Karton einen Kreis entsprechend dem Glasdurchmesser ausschneiden. Mit dem Makramee-Garn so lange Luftmaschen häkeln, bis der Kreis komplett umwickelt werden kann. Alternativ kann das Garn auch geflochten oder einfach in zwei Reihen um den Kreis gewickelt werden.

Den gehäkelten Strang mit Heißkleber um die Kante des Kreises kleben. Vier Spielfiguren aus Holz in gleichmäßigem Abstand auf den Karton kleben. Glas auf die Plattform stellen.

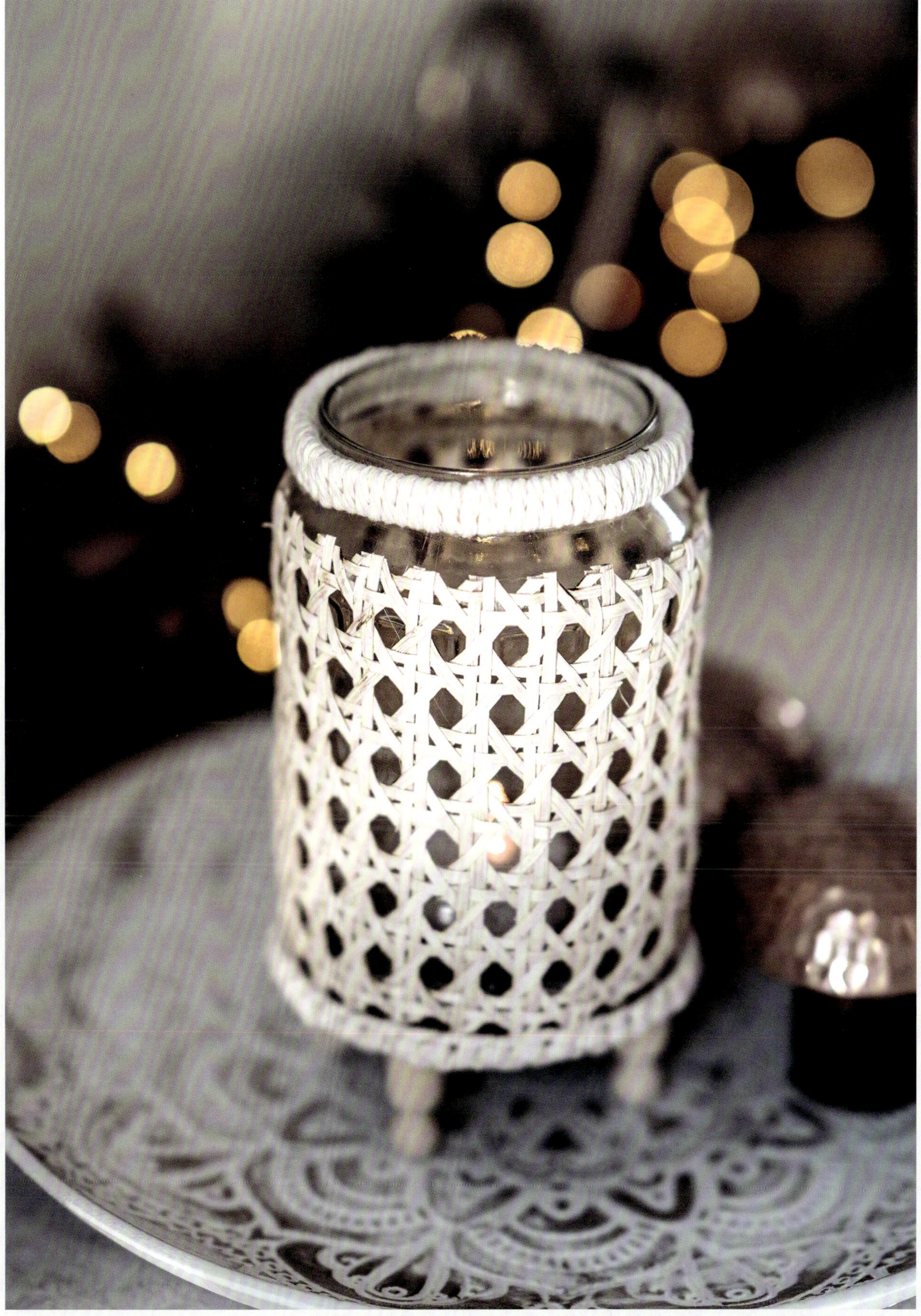

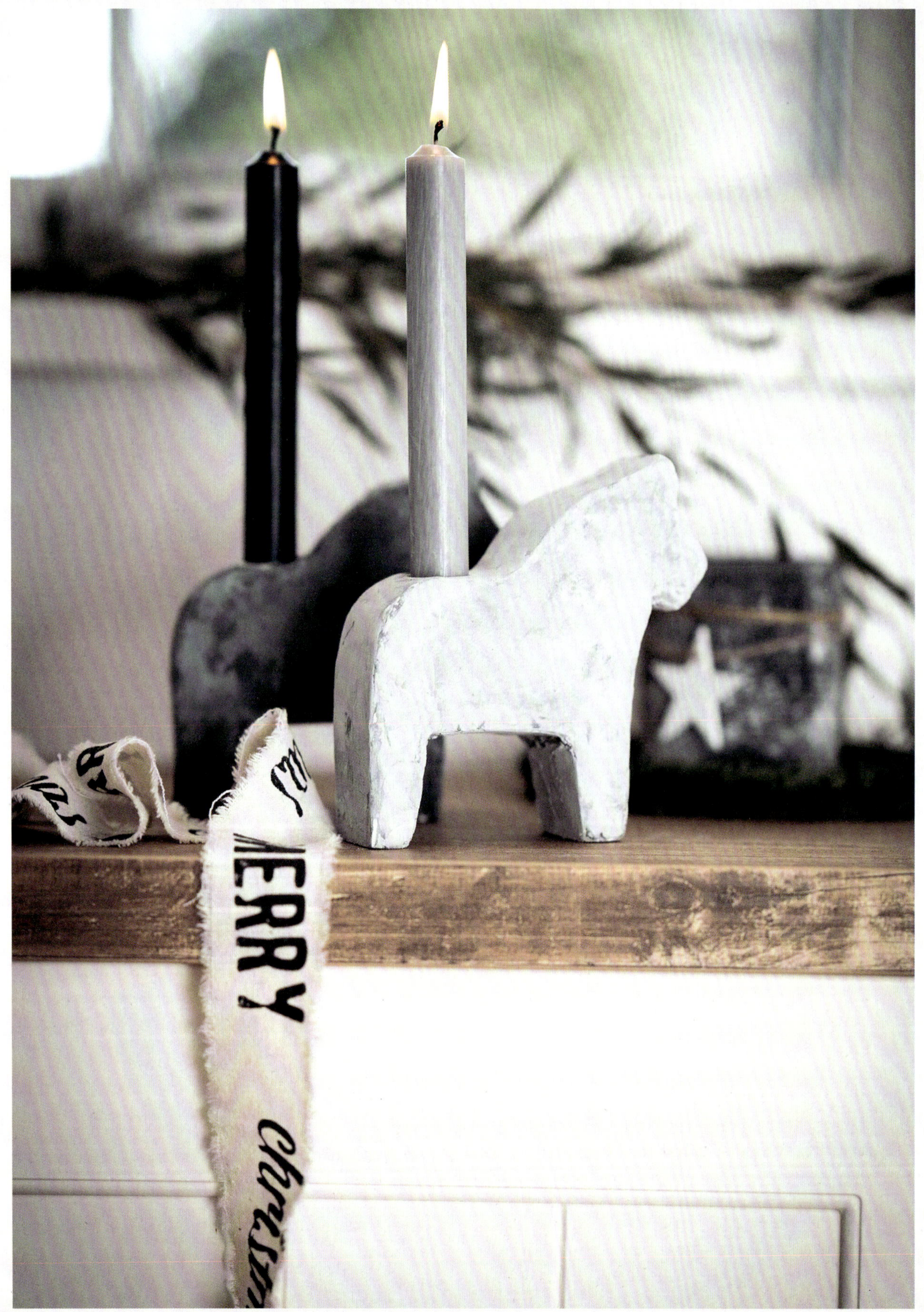
MERRY

Dalapferd-Kerzenhalter

Material

Styroporplatte, 40 x 40 x 4 cm
Spachtelmasse
Farbpigment, anthrazit
Kerzentülle
Kerze
Vorlage Dalapferd

Hilfsmittel

Teppichmesser
Spachtel-Set

So geht's

Vorlage (S. 105) auf die Styroporplatte übertragen. Dalapferd mit einem Teppichmesser aus dem Styropor ausschneiden. Kerzentülle auf die gewünschte Position legen, Radius anzeichnen und mit dem Messer ein Loch, in das die Kerzentülle hineinpasst, an die entsprechende Stelle schneiden.

Spachtelmasse nach Packungsanweisung mit Wasser anmischen. Spachtelmasse nach Belieben mit dem Farbpigment einfärben. Die getrocknete Masse wird später heller sein als der angemischte Farbton. Mit einem Spachtel die Masse gleichmäßig auf dem Pferd verteilen, sodass kein Styropor mehr durchscheint.

Rand des Lochs für den Kerzeneinsatz mit Spachtelmasse bestreichen und die Kerzentülle direkt einsetzen. Spachtelmasse durchtrocknen lassen und Kerze einsetzen.

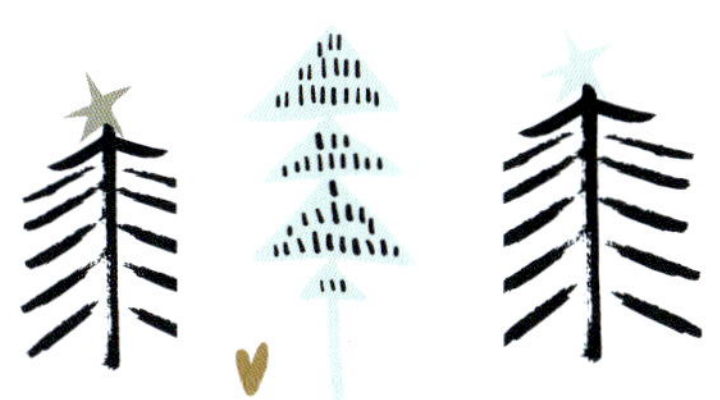

Leuchtender Rahmen

Material

3-D-Bilderrahmen, 36 x 27 x 3 cm

LED-Lichterkette mit 20 Lämpchen, 190 cm

Druckerpapier

Hilfsmittel

Drucker

Bastelkleber

Stanzwerkzeug, ca. Ø 3 mm

Bohrer, Ø 3 mm

So geht's

Den Text „LOVE & JOY" am Computer erstellen, auf einem DIN-A4-Blatt ausdrucken und auf die Größe des inneren Rahmenausschnitts zuschneiden. Die Positionen der einzelnen Lämpchen auf den Buchstaben mit Bleistift markieren und mithilfe des Stanzwerkzeugs ausstanzen.

Die Markierungen der Lämpchenpositionen auf die Rückwand des Rahmens übertragen und durchbohren. Den Text von innen so auf die Rahmenrückwand kleben, dass die Positionen der Löcher im Papier und in der Rückwand übereinstimmen.

Die Lichter nacheinander von hinten vorsichtig durch die Löcher stecken.

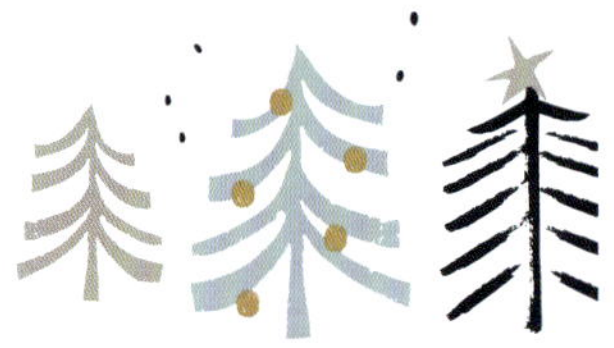

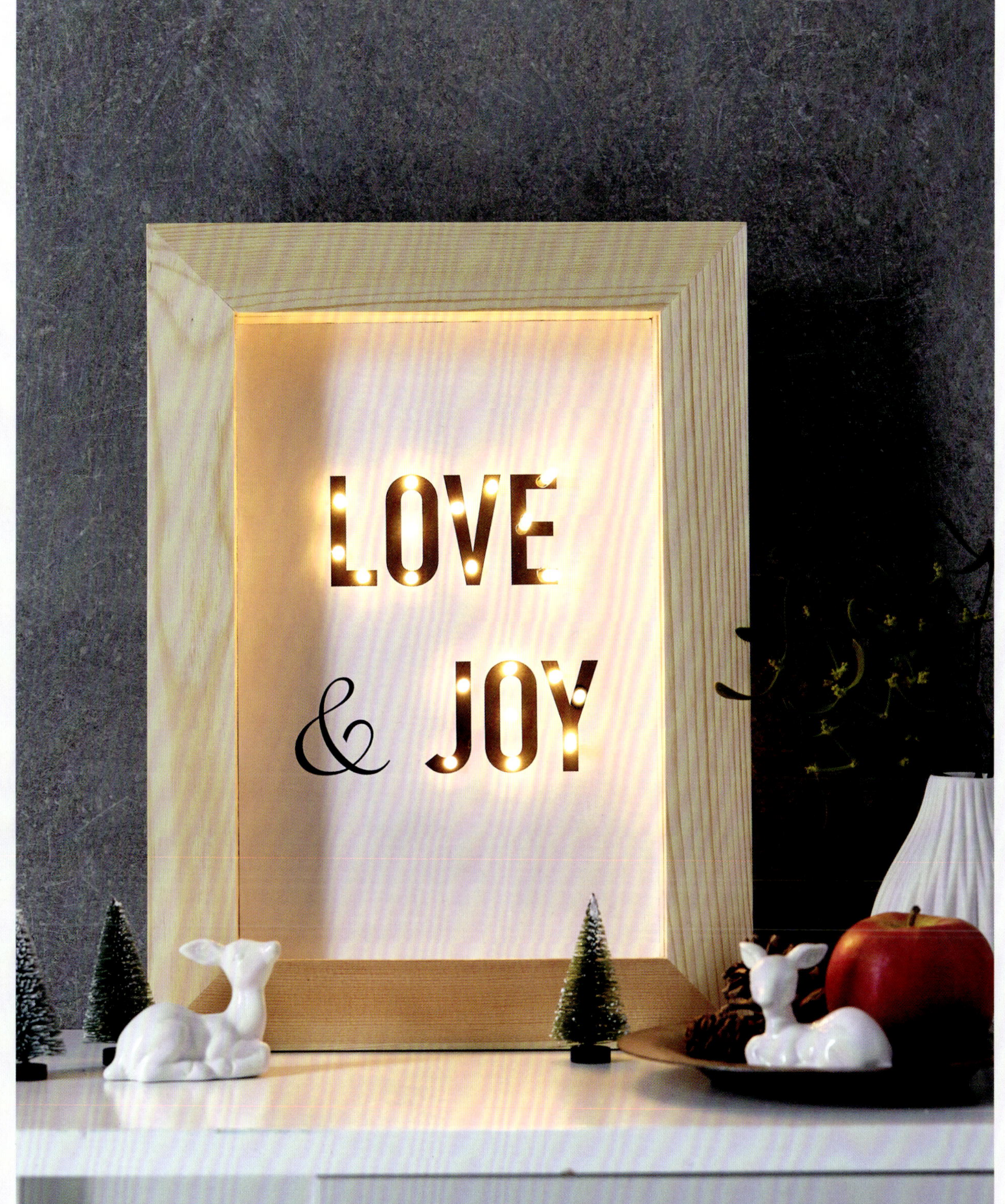
LOVE
& JOY

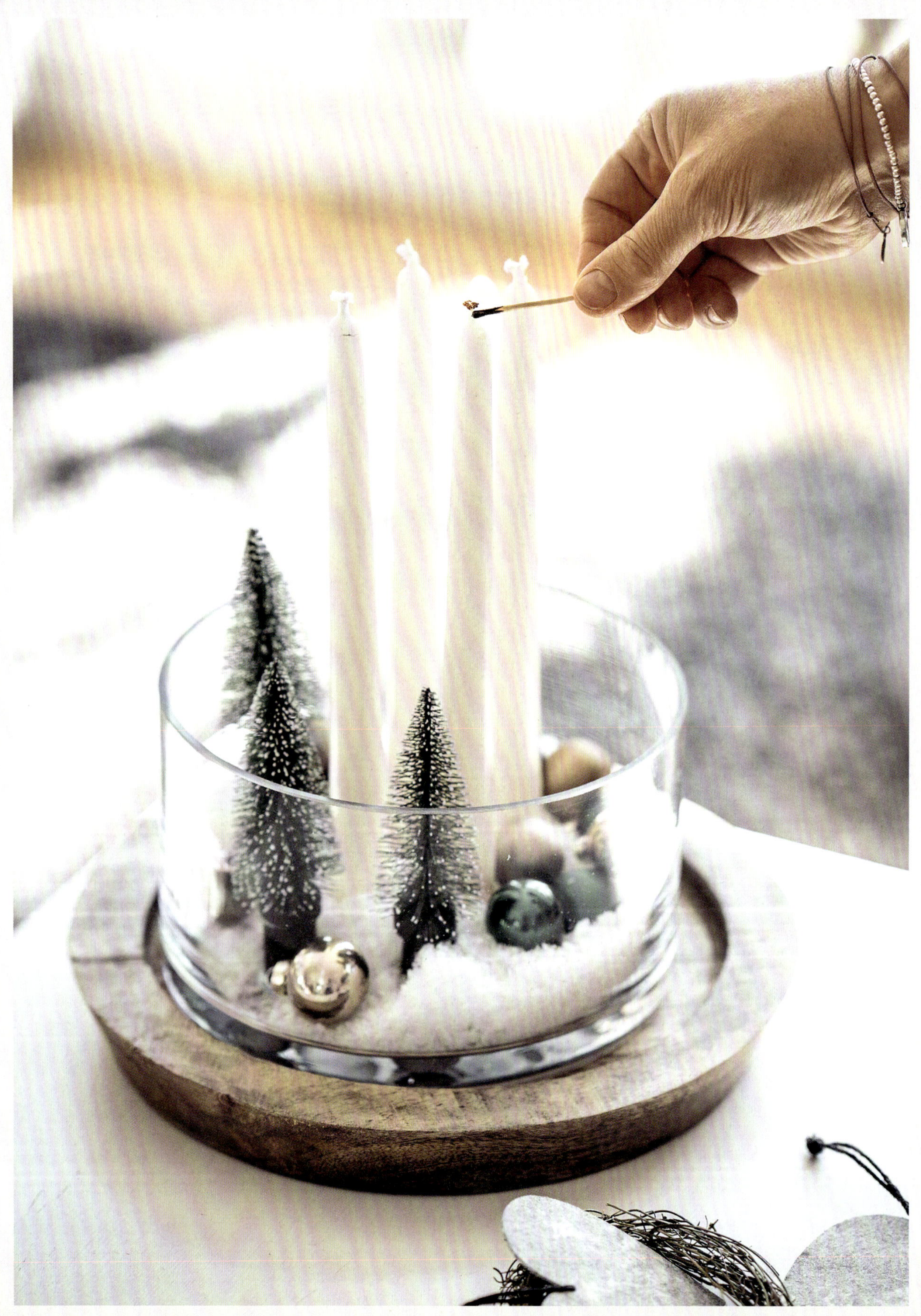

Adventskranz im Glas

Material

Glasschale Ø 20 cm

4 Stabkerzen, ecru

4 Metallkerzenhalter Ø 2,2 cm

3 Deko-Tannenbäume beschneit 13 cm

Rundholz Ø 2 cm jeweils, 5, 4 und 3 cm

Deko-Schnee

Hilfsmittel

Silikonkleber

So geht's

Die vier Metallkerzenhalter mit Silikonkleber auf dem Glasboden befestigen und trocknen lassen.

Die Rundholzabschnitte in Schwarz bemalen und nach dem Trocknen ebenfalls mit Silikonkleber im Glas befestigen.

Die Tannenbäume mit Heißkleber auf den Rundholzabschnitten befestigen. Den Deko-Schnee einfüllen, sodass nur noch die Tannen sichtbar sind.

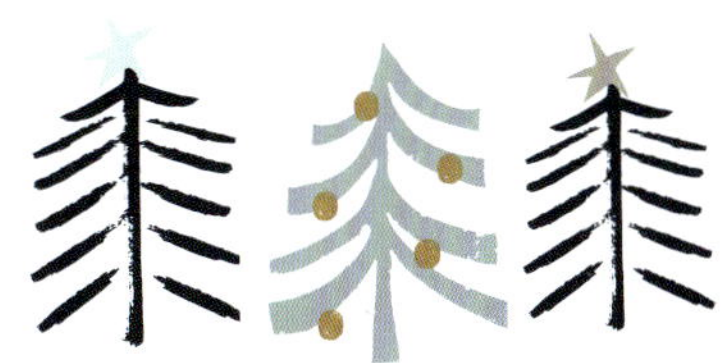

Winterlandschaft im Glas

Material

Glaszylinder
Mini-Tannenbäume
Strukturschnee
Modelliermasse in Granitoptik
Holzstäbchen
LED-Lichterkette

Hilfsmittel

Holzleim

So geht's

Aus Modelliermasse ein Haus formen. Für ebene Flächen eine Scheckkarte o. Ä. zur Hilfe nehmen und gegen die Masse drücken. Für die Tür ein Holzstäbchen in die noch weiche Masse drücken, sodass ein Abdruck entsteht. Modelliermasse nun komplett aushärten lassen.

Holzstäbchen zurechtschneiden und mit Holzleim in den Türabdruck kleben. Weitere Holzstäbchen auf eine Länge schneiden und auf das Dach des Hauses kleben. Leim aushärten lassen.

Strukturschnee mit einem Spatel oder Holzstäbchen auf den Boden des Glaszylinders verteilen. Mini-Tannenbäume nacheinander im Schnee positionieren und die Sockel mit Strukturschnee bedecken. Haus in die Schneefläche drücken und den Schnee komplett aushärten lassen. Lichterkette im Glas drapieren.

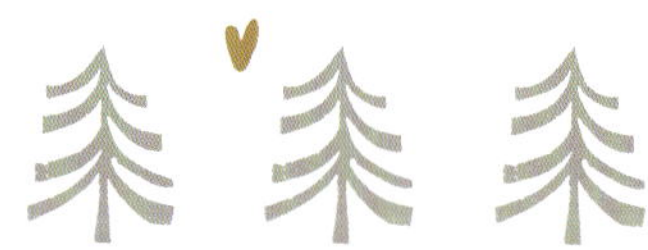

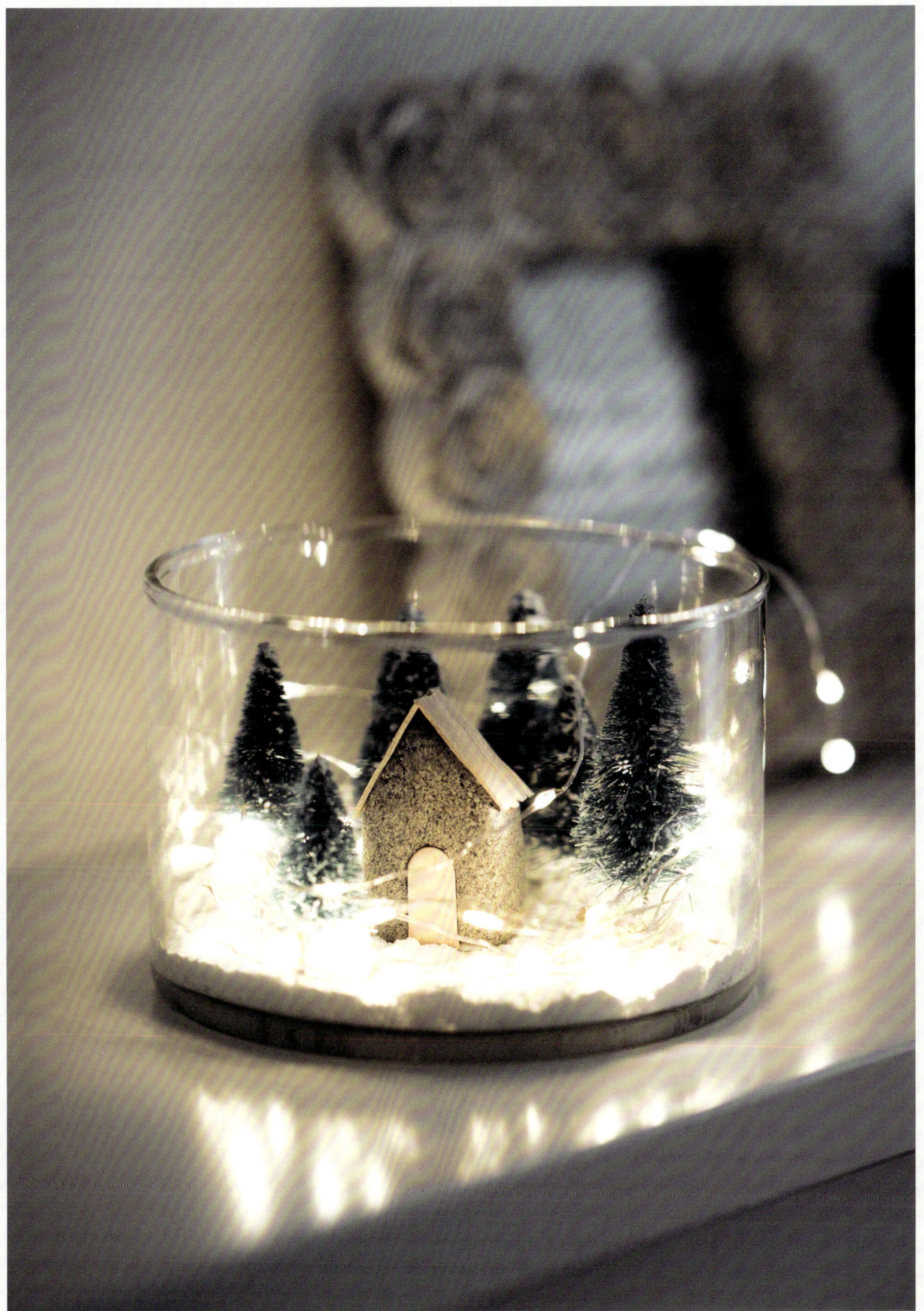

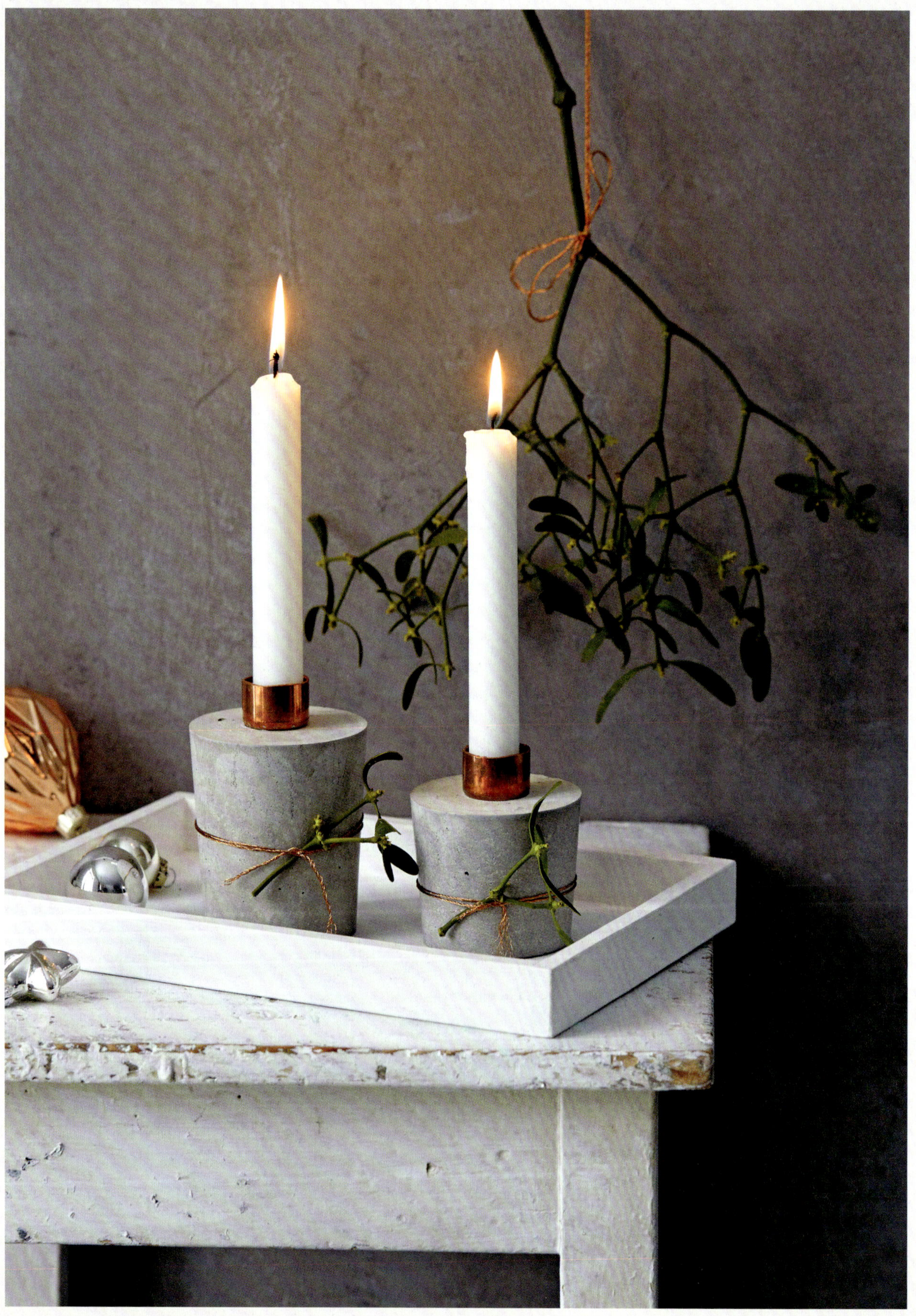

Betonkerzenhalter

Material

Für zwei Kerzenständer

Feinbeton (fertige Betonmischung), 1,5 kg

2 Kupferrohrendkappen, ca. Ø 3 cm

2 leere, runde Joghurtbecher, ca. Ø 7 cm

Glitzerband, kupfer

2 kleine grüne Zweige

2 Stabkerzen, weiß

Hilfsmittel

Kraftkleber

Schere

Plastikgefäß (zum Anmischen des Betons)

alter Holzlöffel

feines Schleifpapier

So geht's

Die Arbeitsfläche mit alten Zeitungen abdecken. Den Feinbeton laut Herstellerangaben mit Wasser anmischen und in die beiden Joghurtbecher füllen (9,5 cm hoch und 6,5 cm hoch). Den Beton etwa 24 Stunden aushärten lassen. Anschließend die Joghurtbecher einschneiden. Die Kerzenhalter herauslösen, mit Schleifpapier glätten und den Staub mit einem feuchten Tuch abwischen.

Auf die staubfreie Oberfläche nun mittig die Kupferrohrendkappen befestigen. Dazu Kraftkleber auf die Endkappen und in die Mitte der Kerzenhalteroberseite auftragen, etwas antrocknen lassen und die Kappen fest aufdrücken. Falls Klebstoff an den Seiten hervorquillt, sofort vorsichtig wegwischen. Den Klebstoff ein paar Stunden trocknen lassen.

Ein dünnes Glitzerband um beide Kerzenhalter wickeln und daran jeweils einen kleinen Zweig befestigen. Die Kerzen einsetzen.

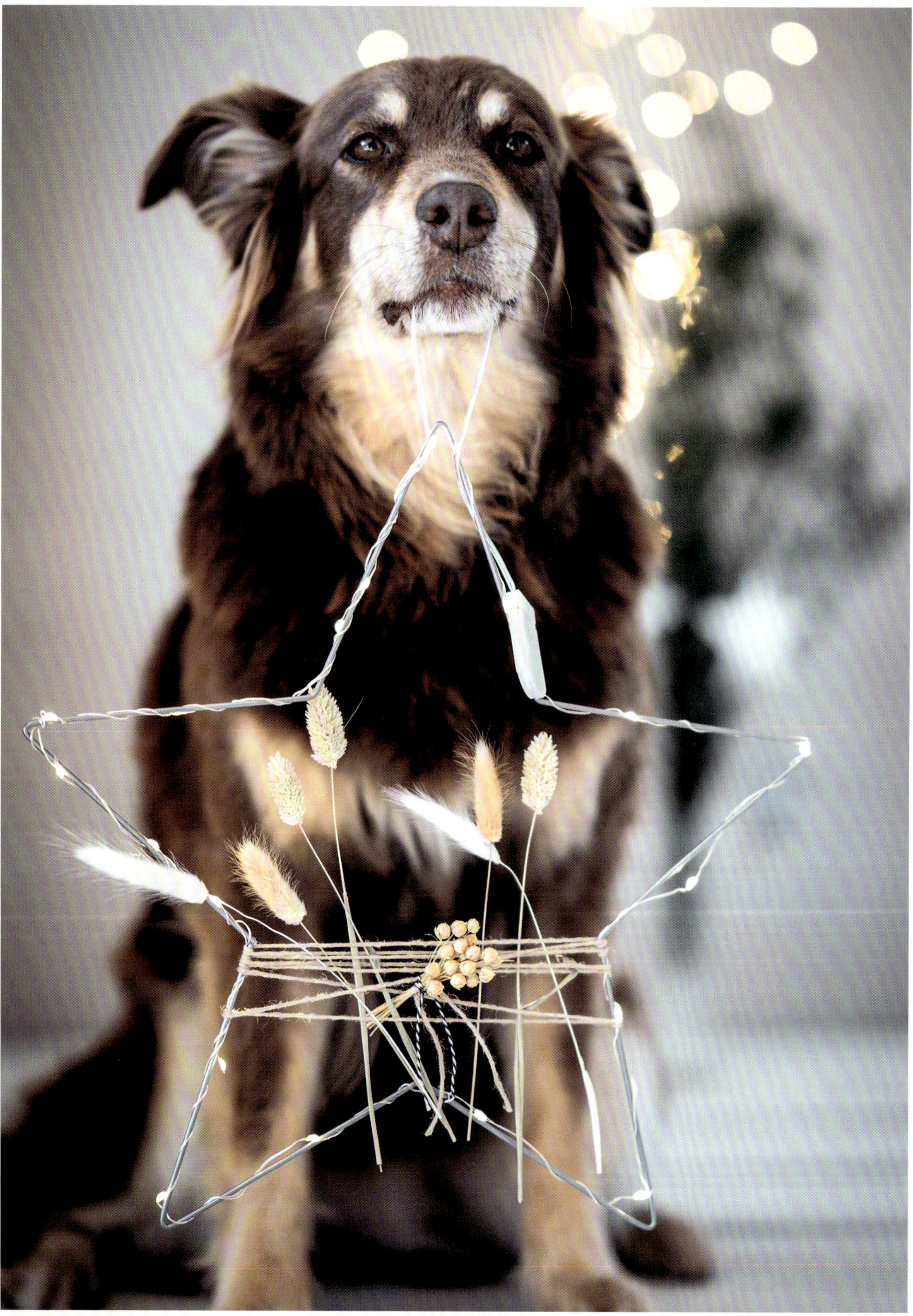

Beleuchteter Stern mit Trockenblumen

Material

Drahtstern 40 cm

LED-Lichterkette aus Draht, 220 cm

dünne Paketschnur

Trockenblumen

Hilfsmittel

Schere

So geht's

Die Lichterkette um den Stern wickeln, das überschüssige Kabel mit dem Batteriefach als Aufhänger benutzen.

Die Paketschnur mittig von einer zur anderen Seite spannen, dabei auf jeder Seite zur Fixierung einmal um die Drahtform herumwickeln. Anfangs- und Endfaden miteinander verknoten.

Die Trockenblumen in der gewünschten Länge abschneiden und durch die gespannten Fäden schieben. Mit einem kurzen Stück Baumwollgarn in Schwarz-Weiß verzieren.

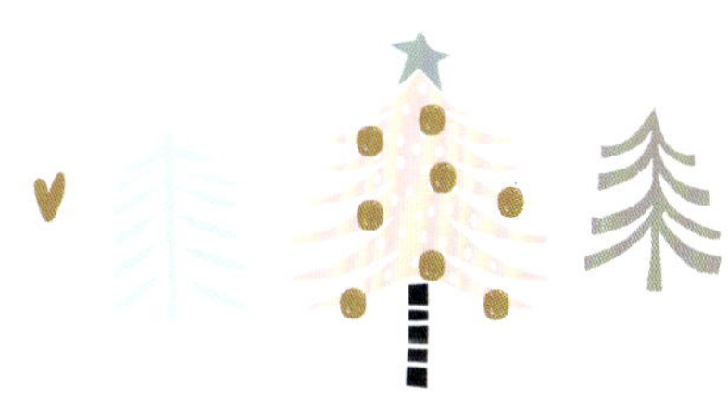

Blätter-Adventskranz

Material

Modelliermasse
3-D-Ausstechförmchen
Anlegemilch
Schlagmetall, gold
Chalky Finish Spray, helltopaz
4 Stabkerzenhalter, silber, Ø 2,3 cm
Styropor-Flachring, Ø 25 cm

Hilfsmittel

Bastelkleber
Pinsel
Messer

So geht's

Modelliermasse ausrollen und daraus verschiedene Blätterformen ausstechen. Die noch weichen Blätter auf der Rückseite mit Bastelleim bestreichen, auf den Ring legen und andrücken. Dabei so wenig Abstand wie möglich zwischen den Blättern lassen. Um Lücken zum Rand zu schließen, Blätter erst ohne Leim platzieren und an der Kante mit einem Messer abschneiden. Erst dann festkleben.

Die abgeschnittenen Reste können wieder verknetet und dann erneut ausgerollt und ausgestochen werden. Kerzenhalter an den gewünschten Stellen in den Ring stecken. Modelliermasse komplett aushärten lassen. Ring mit dem Sprühlack lackieren, bis die Farbe deckt. Lack trocknen lassen.

Einzelne Blätter mit Anlegemilch bepinseln und diese 20 Minuten antrocknen lassen. Blattgold auflegen und mit einem Pinsel festdrücken. Reste des Blattgolds mit dem Pinsel entfernen.

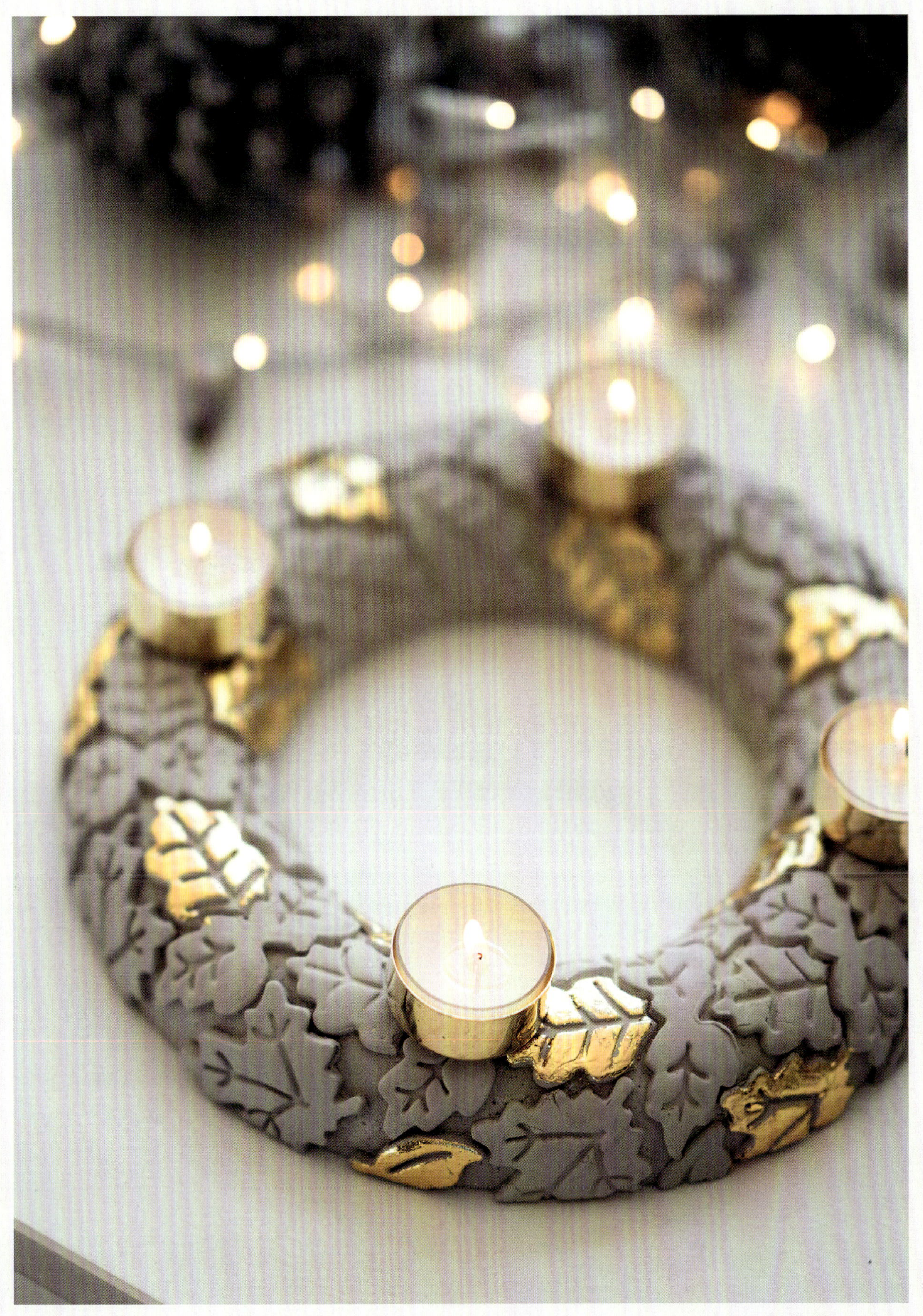

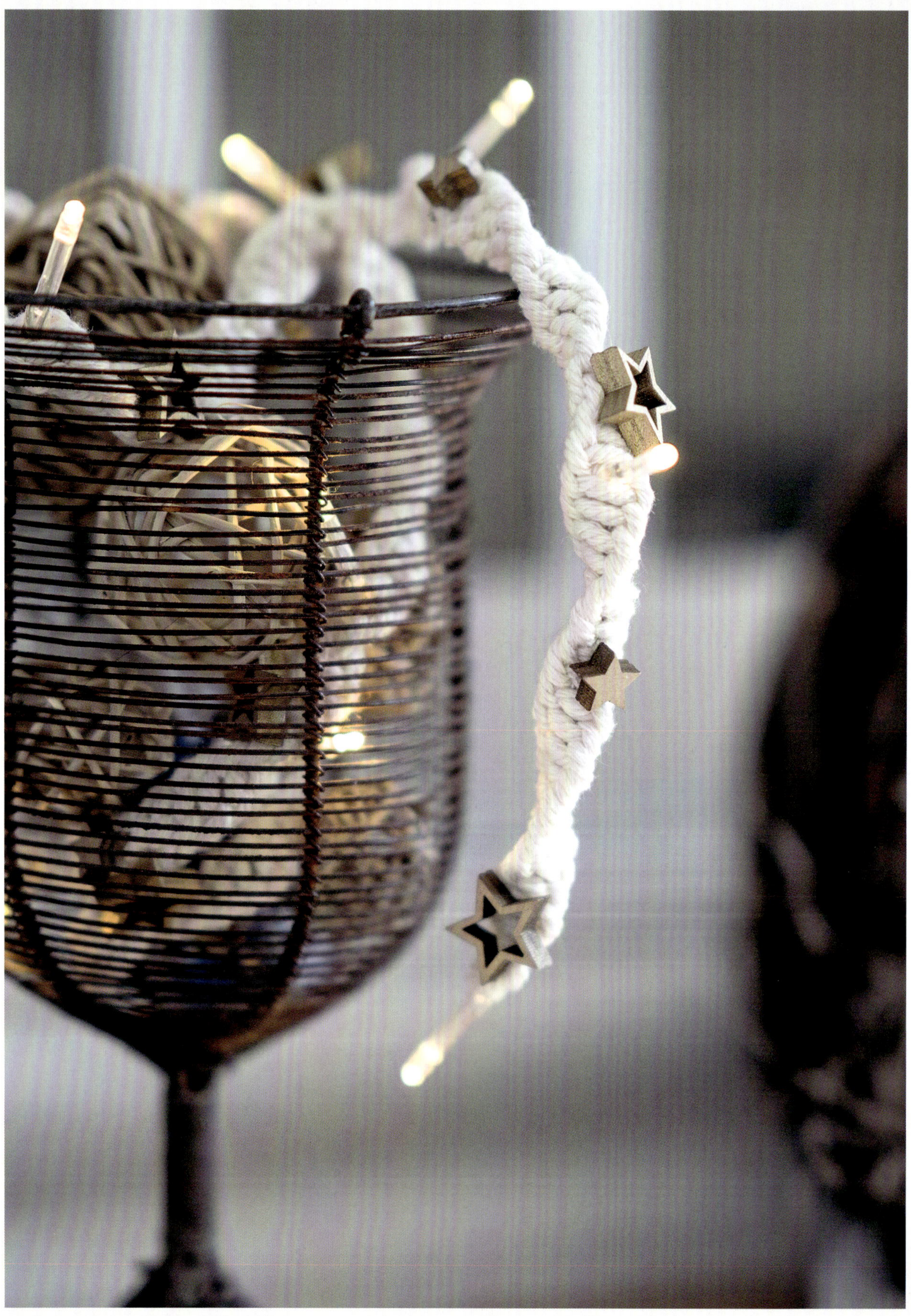

Makramee-Lichterkette

Material

LED-Lichterkette

Makramee-Garn, 3 mm

Holz-Streudeko Sterne

Hilfsmittel

Heißkleber

So geht's

Das Makramee-Garn in der sechsfachen Länge deiner Lichterkette abschneiden und an den Anfang der Lichterkette knoten.

Mit dem Wellenknoten (s. Seite 106) die gesamte Lichterkette umhüllen und dabei die LEDs stets auslassen.

Abwechselnd kleine und große Holzsterne mit etwas Heißkleber anbringen.

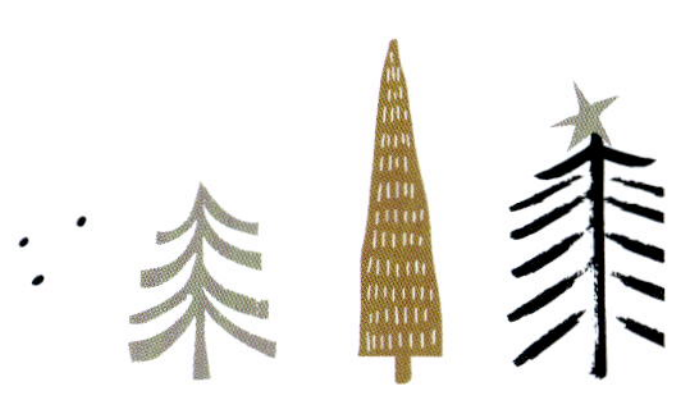

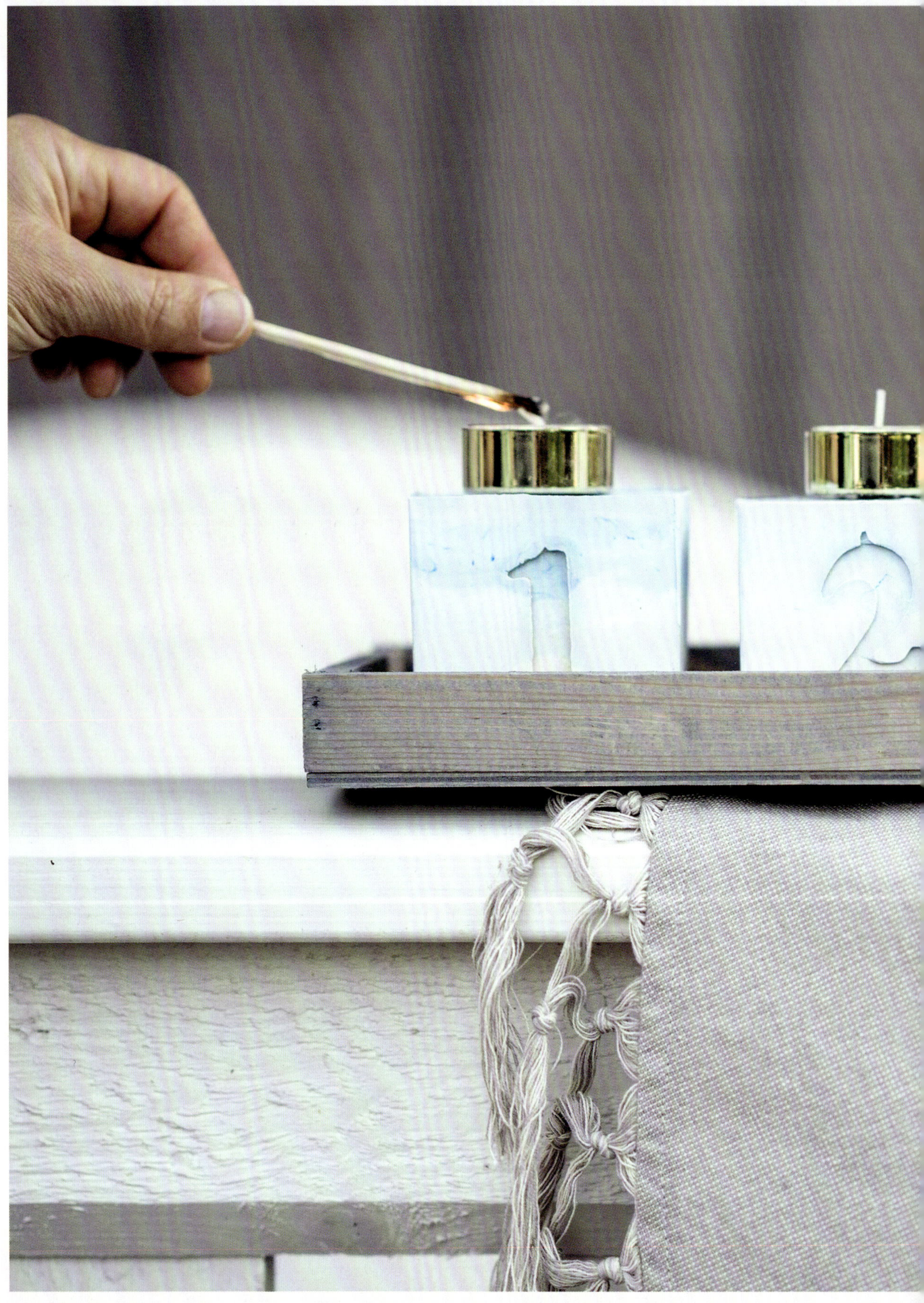
1
2

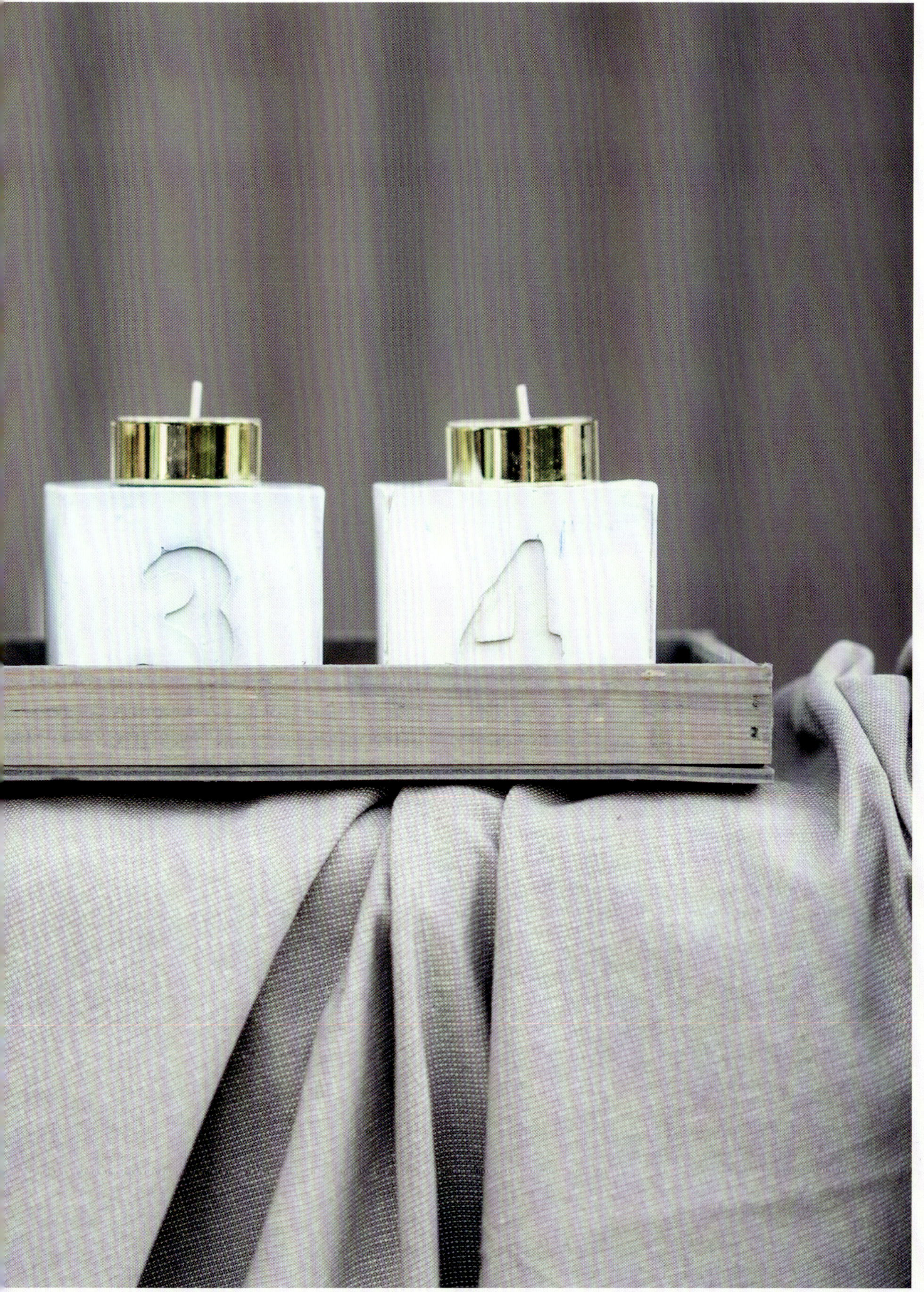
3
4

Advents-Kerzenhalter

Material

Gießpulver Raysin 200
Farbpigment, lagune
leerer Milch- oder Saftkarton
Gewebeband
Zahlen aus Moosgummi
4 Teelichthalter, gold, Ø 4 cm

Hilfsmittel

Geodreieck
Schere
Bastelleim

So geht's

Den Getränkekarton reinigen, oberen und unteren Teil abschneiden und an der Naht aufschneiden, sodass ein großes Rechteck entsteht. Fünf Quadrate im Format 7 x 7 cm auf dem Karton aufzeichnen und ausschneiden. Dabei darauf achten, dass die Flächen der Quadrate komplett glatt sind. Auf eines der Quadrate spiegel-verkehrt eine Moosgummi-Zahl kleben. Den Bastelleim trocknen lassen.

Die Quadrate mit Gewebeband zusammenkleben, sodass ein Würfel mit einer offenen Fläche entsteht. Darauf achten, dass die Zahl richtig herum ist – mit der unteren Kante zum geschlossenen Boden der Form. Die Kanten müssen komplett mit dem Gewebeband abgedichtet werden.

Raysin nach Packungsanweisung anmischen und den Würfel zu etwa 20 % damit füllen. Restliches Raysin mit etwas Pigmentpulver vermischen, bis ein heller Blauton entsteht. Den Würfel um weitere 20 % füllen. Immer mehr Pigmente hinzufügen und weiter auffüllen, bis die Form voll ist. Die letzte Schicht muss die dunkelste sein. Für einen Marmoreffekt auf der Oberseite nicht komplett durchrühren. An die Seiten der Form klopfen, damit alle Luftblasen entweichen können.

Die Kerzenhalter mittig in den Würfel stecken, sobald das Raysin nach wenigen Minuten etwas fester wird. Das Material darf noch nicht komplett ausgehärtet sein, da sich der Kerzenhalter nachträglich nicht mehr reinstecken lässt.

Nach 30 Minuten das Gewebeband entfernen und die Form öffnen. Falls die Moosgummi-Zahl nach dem Entformen im Kerzenständer steckt, diese mit einem spitzen Gegenstand entfernen.

Rustikaler Teller

Material

1 Teller

1 Kerze im Glas

Tannenzapfen

Nüsse

Eicheln

Holz-Sterne

Hilfsmittel

Knete

So geht's

Für diese schnelle und einfache Deko die Kerze auf den Teller stellen. Damit sie nicht hin und her rutscht, kann man etwas Knete von unten anbringen. Dann die Deko-Materialien um die Kerze herum drappieren. Hier eignen sich auch duftende Materialien wie Zimtstangen oder Sternanis, oder auch frische Zweige wie Seidenkiefer, Ilex oder Eukalyptus.

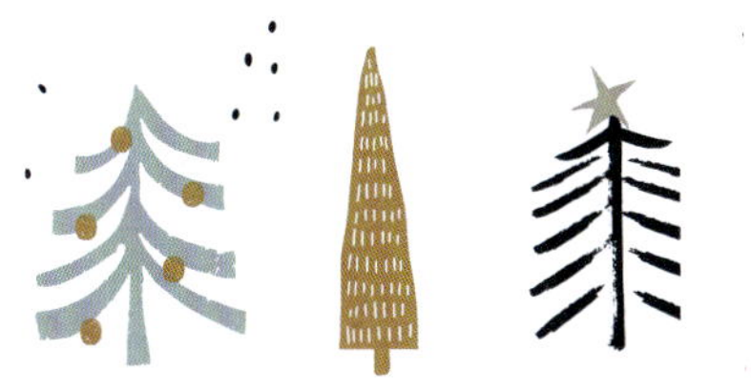

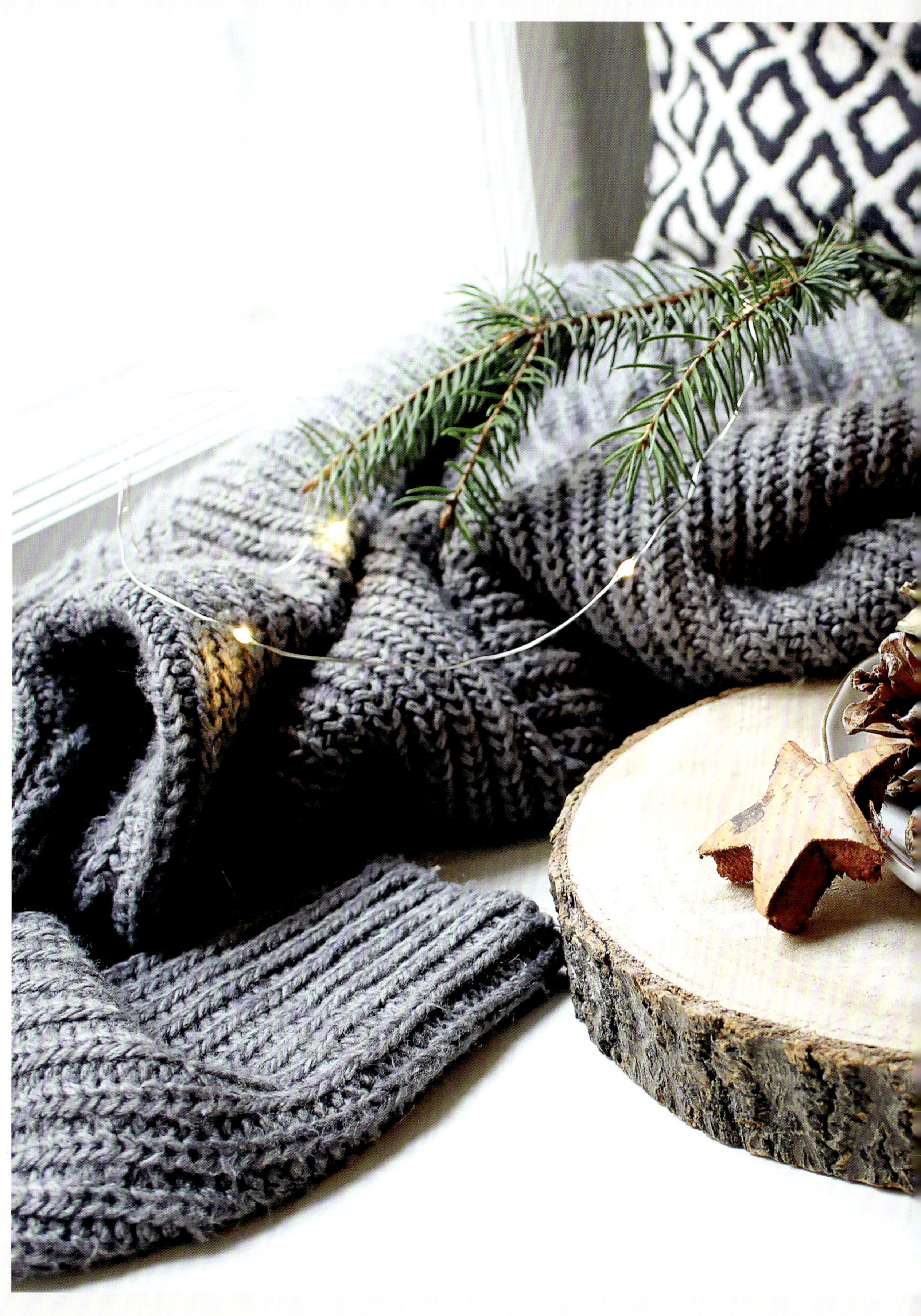

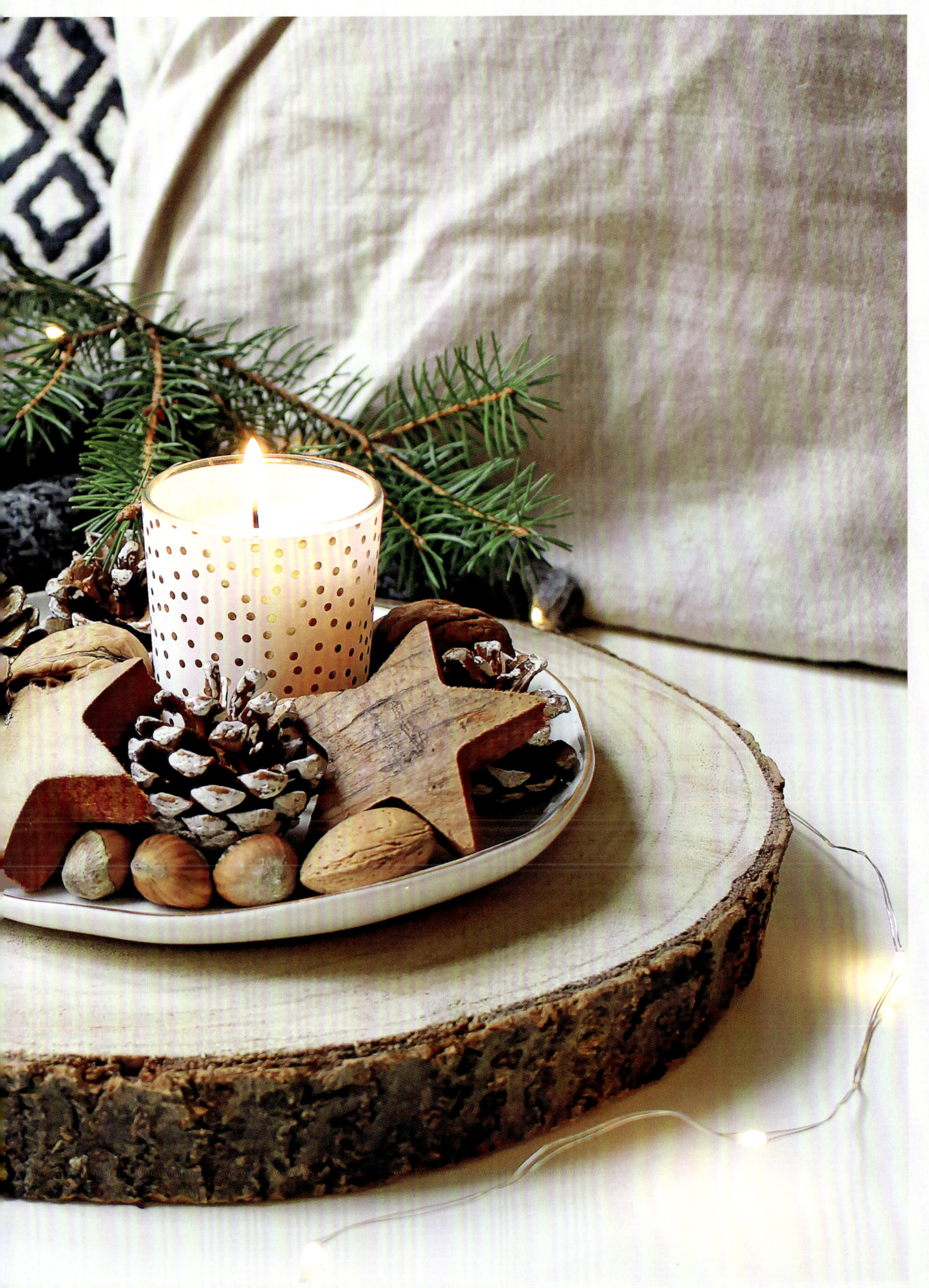

Kerzen-Adventskalender

Material

leeres Schraubglas

24 Kuchenkerzen

Holzperle mit großem Lochdurchmesser

Sprühlack, weiß

Graniteffekt Spray

doppelseitiges Klebeband

Vorlage

Hilfsmittel

Montagekleber

So geht's

Holzperle mit Montagekleber auf den Deckel des Schraubglases kleben und aushärten lassen. Deckel mit weißem Sprühlack grundieren und den Lack trocknen lassen. Mit Sprühlack in Granitoptik eine zweite Schicht Lack auftragen und trocknen lassen.

Vorlage (S. 107) ausschneiden und mit doppelseitigem Klebeband am Glas befestigen. Kerzen in das Glas füllen. Jeden Tag den entsprechenden Tag auf der Vorlage durchstreichen. Eine Kerze aus dem Glas holen, auf den Deckel stecken und anzünden.

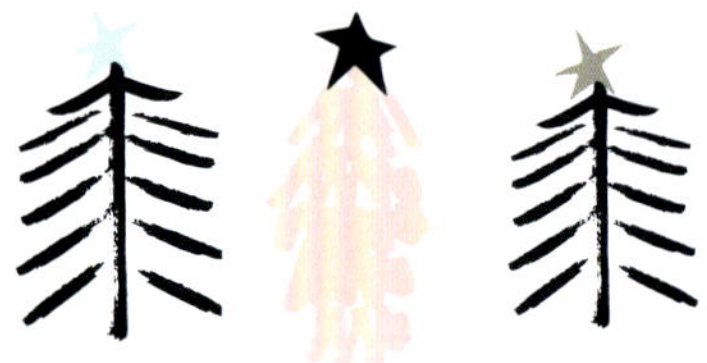

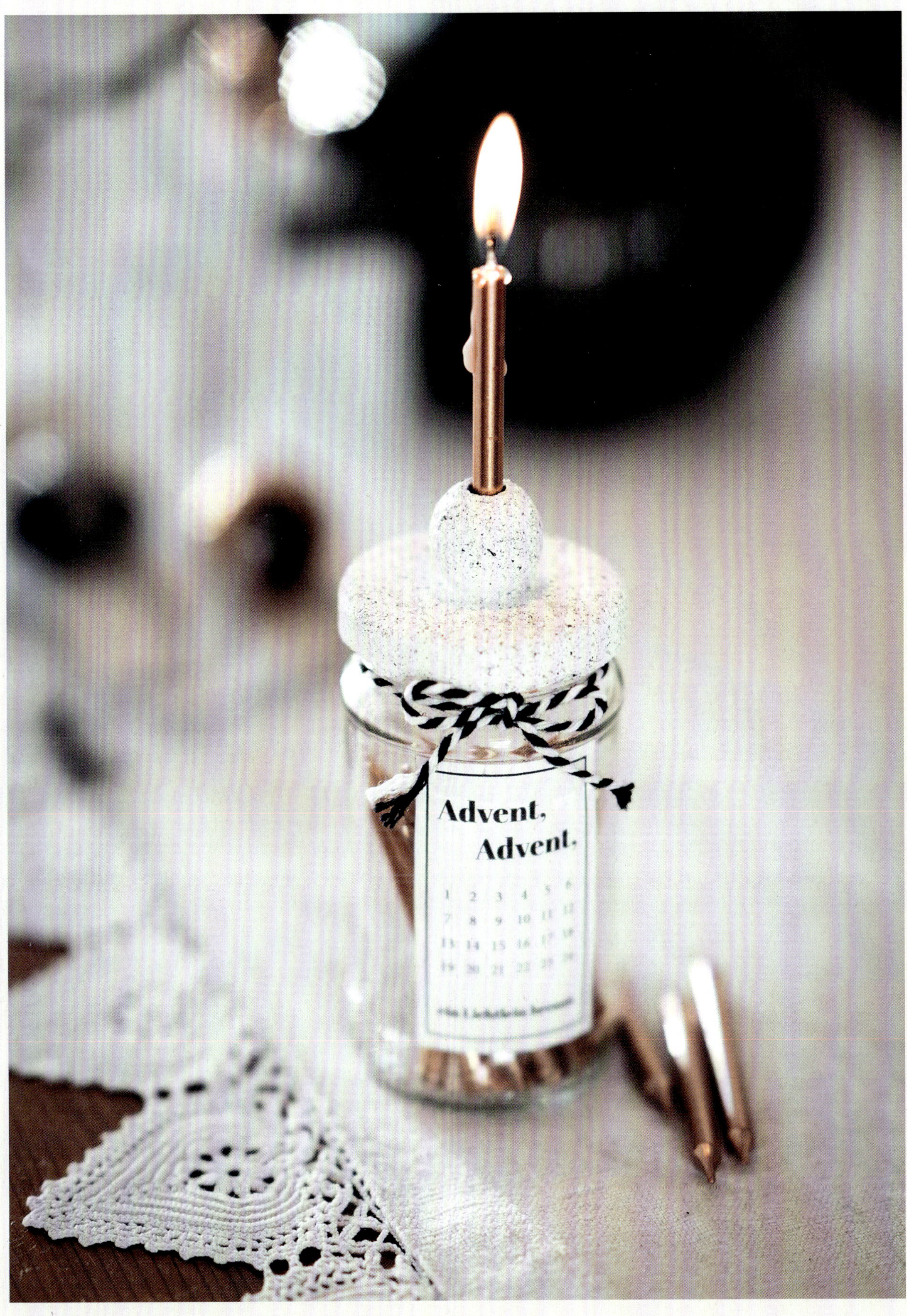
Advent,
Advent.
1 2 3 4 5 6
7 8 9 10 11 12
13 14 15 16 17 18
19 20 21 22 23 24

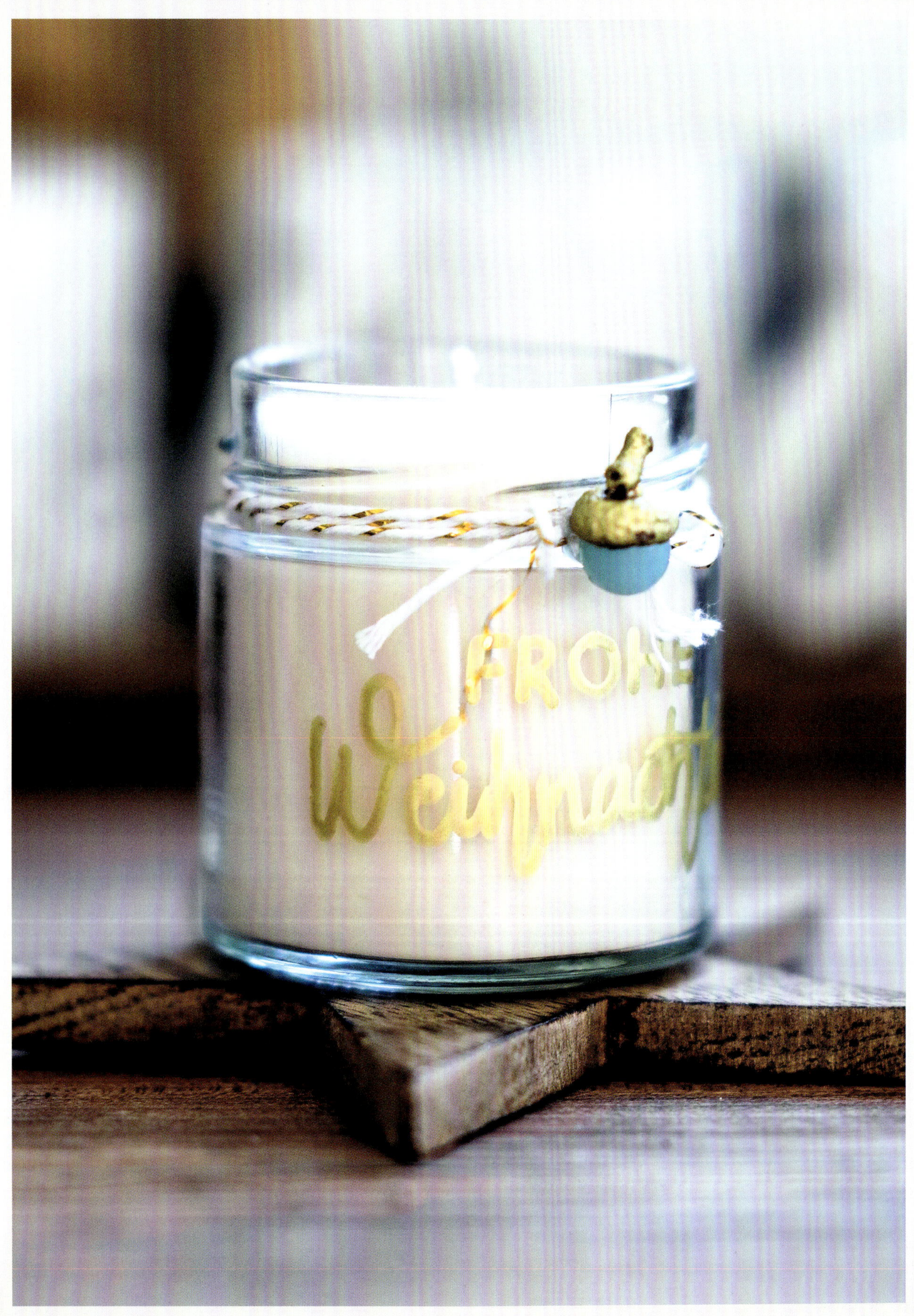
FROHE
Weihnacht

Kerze im Glas

Material

Altglas

Acryl-Marker, gold

Klebeband

Gießwachs

Runddocht

Garn

Eichelkappe

Perle

Vorlage

Hilfsmittel

Heißkleber

So geht's

Die Vorlage (S. 106) mit zwei Streifen Klebeband innen in das Glas kleben und von außen mit dem goldenen Marker nachzeichnen.

Runddocht in das Glas stellen und mit einem Dochthalter oder einer Wäscheklammer mittig fixieren. Gießwachs im Wasserbad erhitzen, in das Glas gießen und aushärten lassen. Wenn beim Aushärten eine Kuhle entsteht, einfach nochmal flüssiges Wachs nachgießen.

Eichelkappe mit dem goldenen Marker lackieren. Passende Perle in Wunschfarbe in die Eichelkappe kleben. Garn mehrfach um das Gewinde des Glases wickeln und eine Schleife binden. Die Eichel mit etwas Heißkleber auf die Schleife kleben.

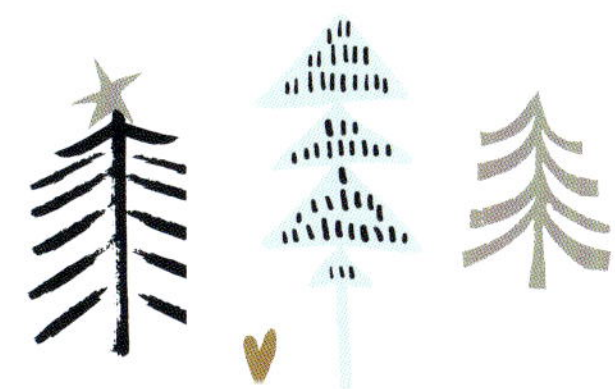

Kugelkranz

Material

Strohkranz, Ø 25 cm
Rohholzkugeln (nicht durchbohrt):
120 x Ø 2 cm
70 x Ø 3 cm
12 x Ø 4 cm
Seidenstrumpfhose in Naturfarben, Größe XL

Hilfsmittel

Heißkleber
Schere
Cutter

So geht's

Von der Seidenstrumpfhose die Beine und die Fußspitzen abschneiden. Den Strohkranz mit den beiden Strumpfhosenstücken straff umwickeln, dabei Anfang und Ende jeweils mit Heißkleber fixieren.
Den Kranz abwechselnd möglichst eng mit den unterschiedlich großen Holzkugeln von allen Seiten bekleben.

TIPP

Wer mag, kann die Kugeln auch vorher mit Acrylfarbe bemalen, z. B. in verschiedenen Grüntönen oder in Braun- und Cremetönen.

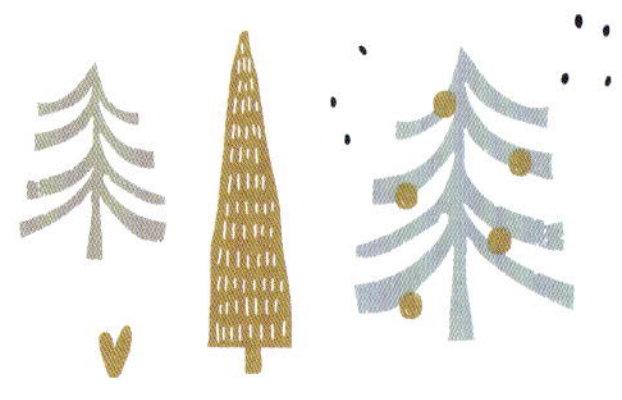

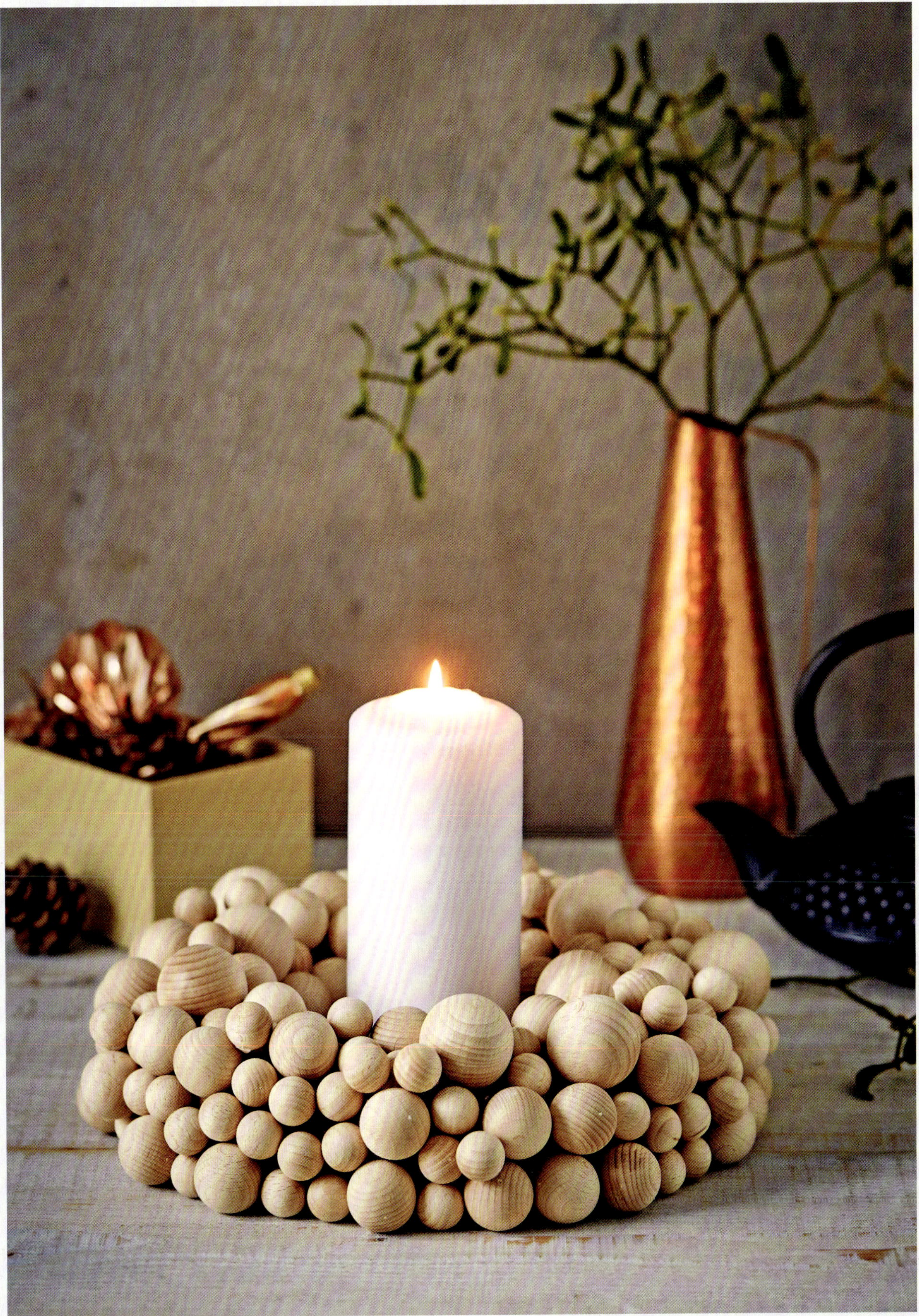

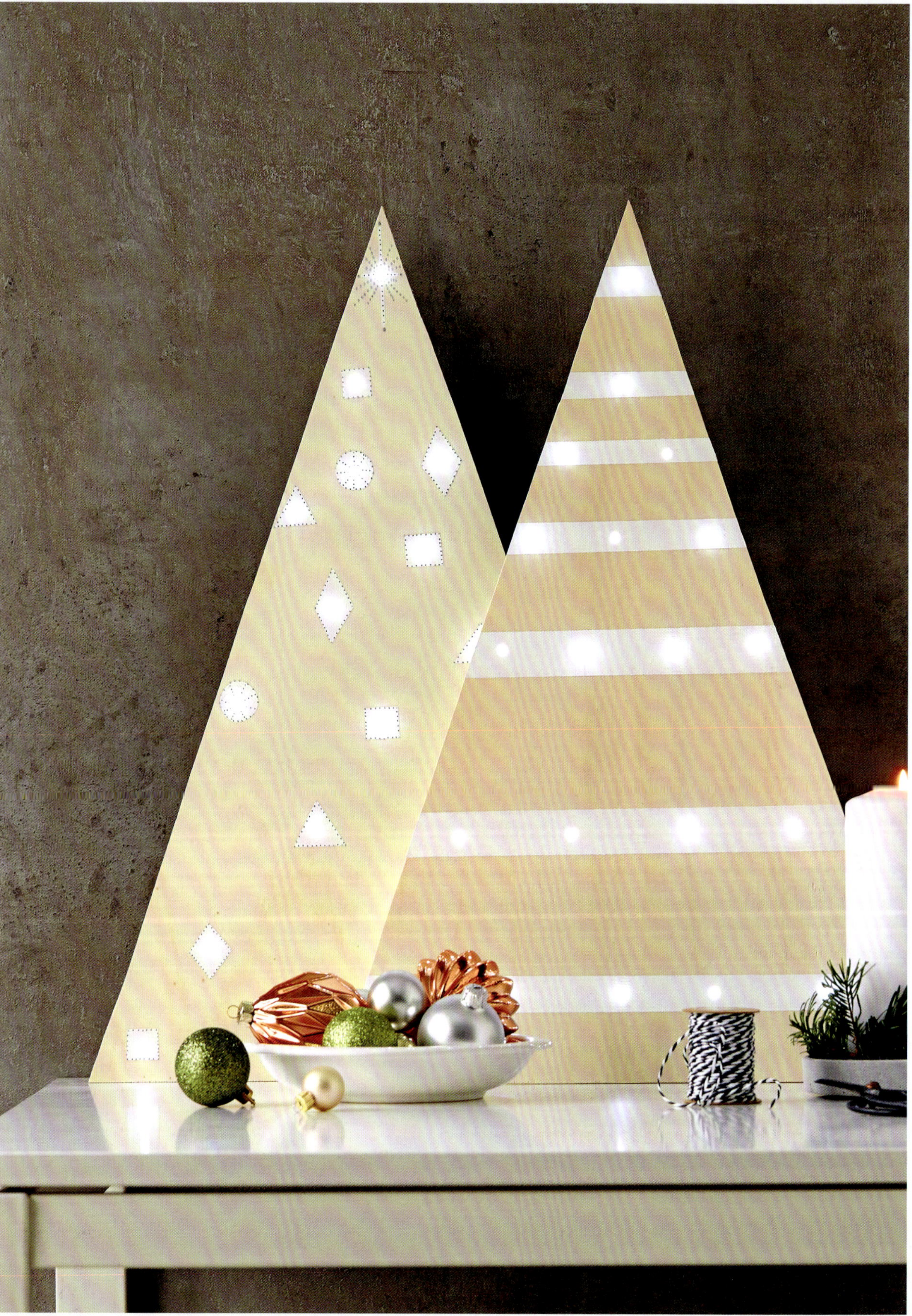

Holztannen

Material

2 Balsaholzplatten, DIN A2, 4 – 5 mm stark

2 LED-Lichterketten mit je 20 Lämpchen

Silikonknetmasse, weiß

Lackstift, silber

Acrylfarbe, weiß, matt

Hilfsmittel

Doppelklebeband • Malerkrepp, schmal • feines Schleifpapier • feiner Borstenpinsel • Zollstock • Cutter • Akkuschrauber mit Bohraufsatz • Laubsäge

So geht's

Die Holzplatten hochkant legen. Mit einem Bleistift an der oberen Kante die Mitte markieren. Von dieser Markierung aus mit Bleistift und Zollstock in die untere linke und in die untere rechte Ecke eine Linie ziehen.

Das entstandene Dreieck mit einer Laubsäge aussägen. Mit Schleifpapier die Kanten glätten. Der Abbildung entsprechend 20 Bohrlöcher markieren und diese mit einem Akkuschrauber vorsichtig durchbohren. Der Durchmesser des Bohraufsatzes sollte knapp einen Millimeter größer sein als der Durchmesser der LED-Lämpchen. Mit dem Cutter Splitter an den Bohrlöchern entfernen.

Mit Malerkrepp nun der Abbildung entsprechend die Umrisse von Streifen und grafischen Ornamenten (z. B. Rauten, Dreiecken, Quadraten) abkleben und mit weißer Acrylfarbe ausmalen. Die Farbe trocknen lassen. Mit silbernem Lackstift die Ornamente an den Kanten mit kleinen Punkten verzieren.

Die LED-Lämpchen von der Rückseite her durch die Bohrlöcher stecken und jeweils mit etwas Silikonmasse fixieren. Die Masse etwa acht Stunden aushärten lassen.
Den Batteriekasten auf der Rückseite mit einem Stück Doppelklebeband befestigen.

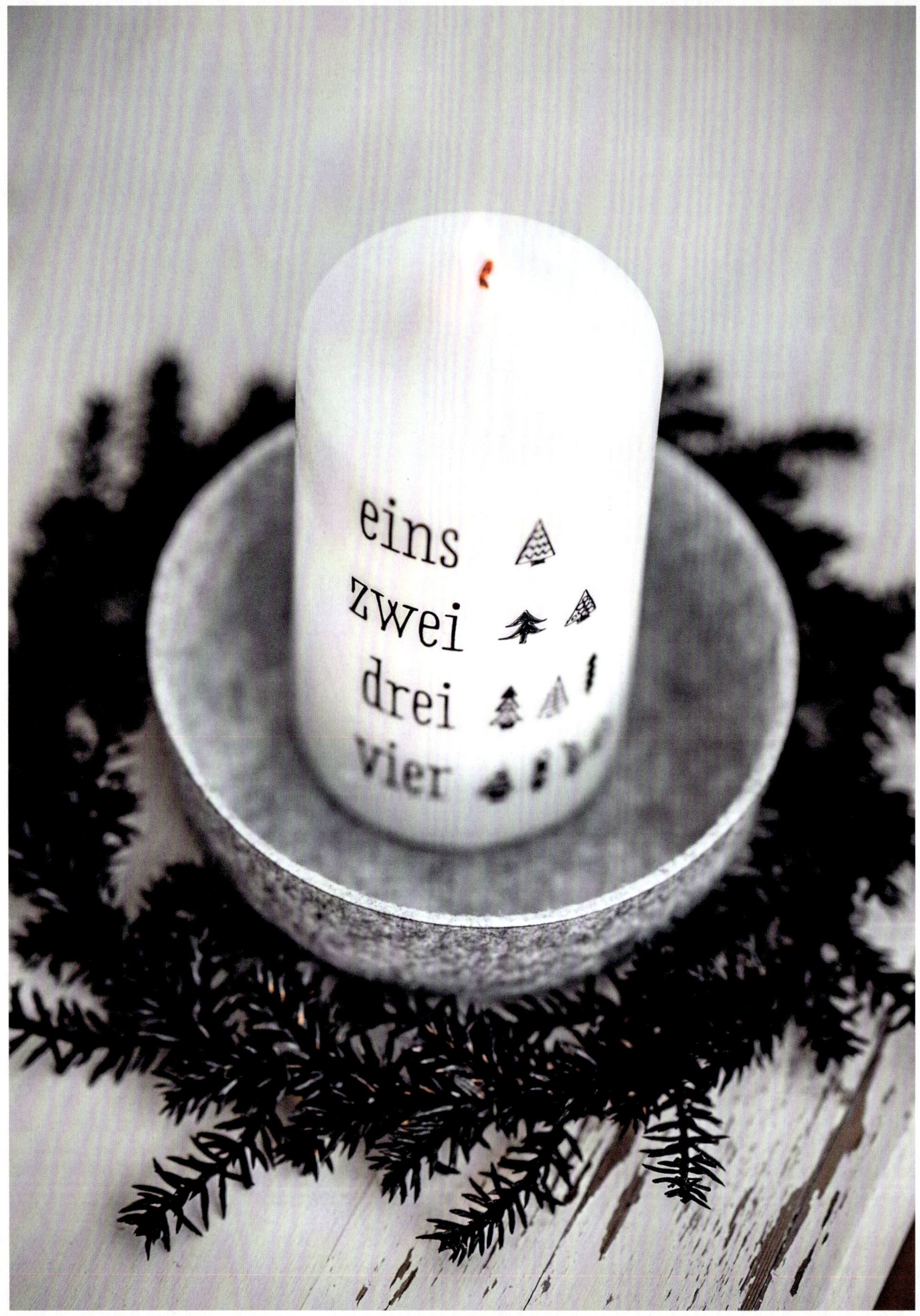
eins
zwei
drei
vier

Adventskerze

Material

Stumpenkerze, weiß 150 x 80 mm

Transferfolie Adventszahlen

Foto-Transferpapier DIN-A4

Hilfsmittel

handwarmes Wasser

Tuch

So geht's

Die Adventszahlen „eins" bis „vier" ausschneiden und wie auf der Verpackung beschrieben kurz in handwarmes Wasser legen. Anschließend vorsichtig die Folie vom Trägerpapier auf die Kerze schieben und das überschüssige Wasser vorsichtig mit einem Tuch entfernen.

Die verschiedenen Bäume frei Hand mit einem wasserfesten Stift in Schwarz auf das Foto-Transferpapier aufzeichnen und ausschneiden. Für das Aufbringen auf der Kerze wie oben beschrieben verfahren und alles über Nacht trocknen lassen.

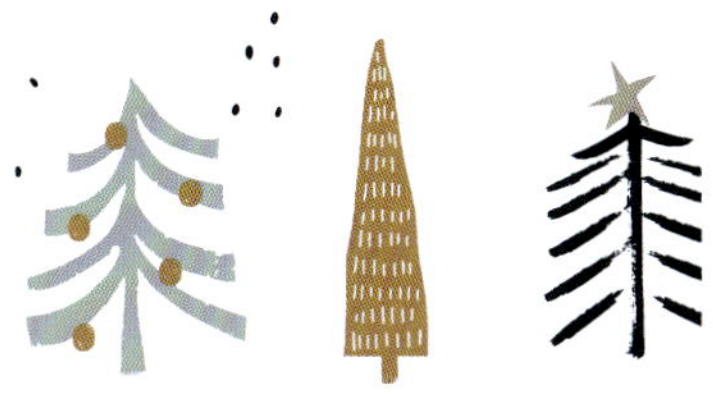

Loop mit Trockenblumen

Material

Metallring beschichtet, schwarz, 10 cm und 25 cm

Trockenblumen, z. B. Lagurus-Gras, Eukalyptus, Glixia, pink, Flachs, natur, Phalaris, natur

Silberdraht 0,25 mm

LED-Lichterkette aus Draht, 120 cm

Satinband 4 mm, schwarz

Hilfsmittel

Schere

So geht's

Den kleinen Metallring am großen Ring mit Draht befestigen, die Lichterkette um den großen Metallring herumwickeln und dabei ⅓ des Rings aussparen.

Aus den verschiedenen Trockenblumen mehrere kleine Sträußchen zusammenstellen und diese mit Draht zusammenbinden. Die einzelnen Sträuße anschließend mit Draht am Ring fixieren, dabei das oben beschriebene Drittel nicht verzieren.

Das Satinband anknoten.

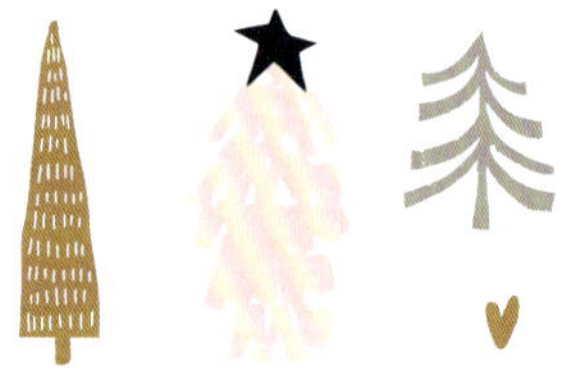

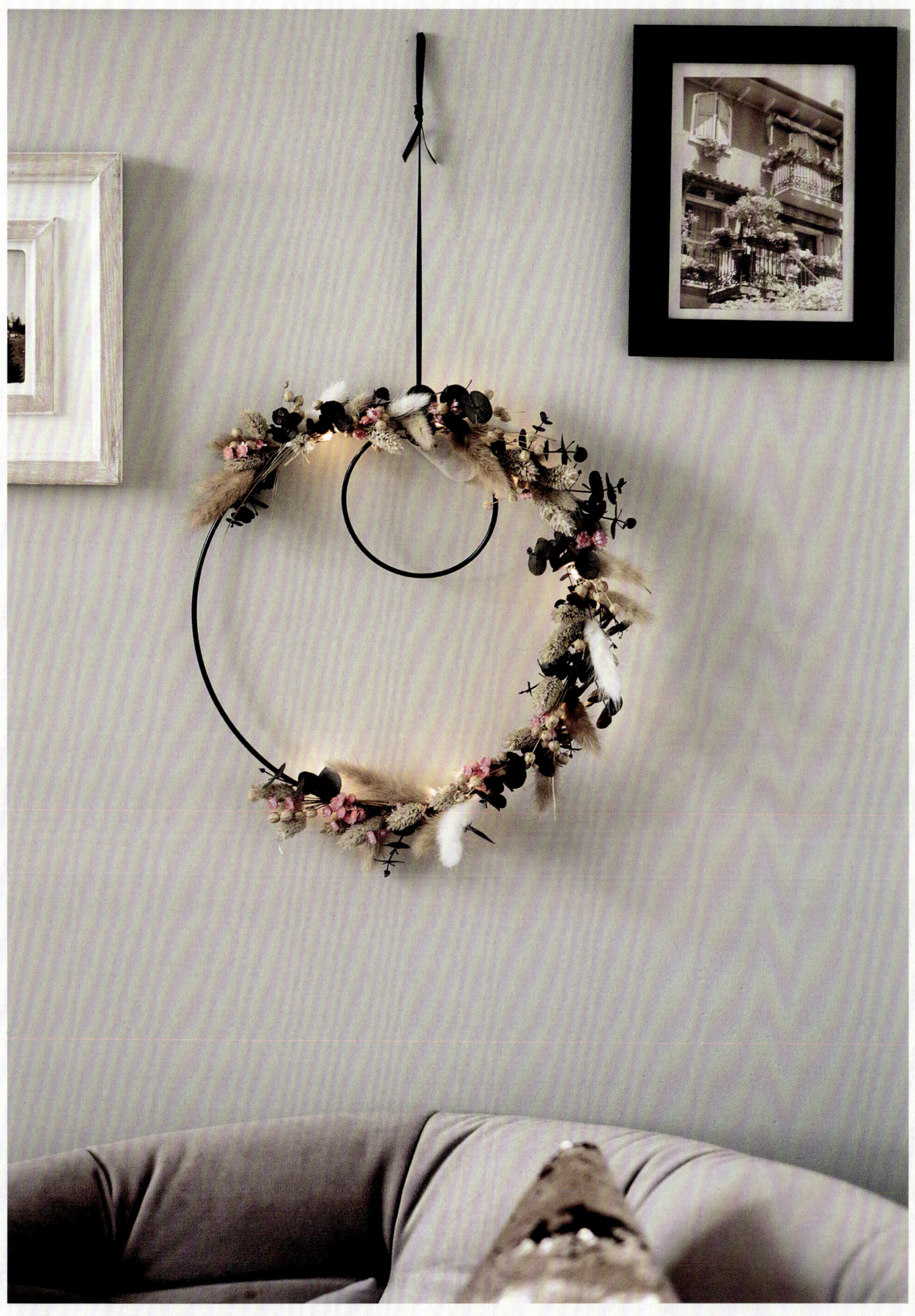

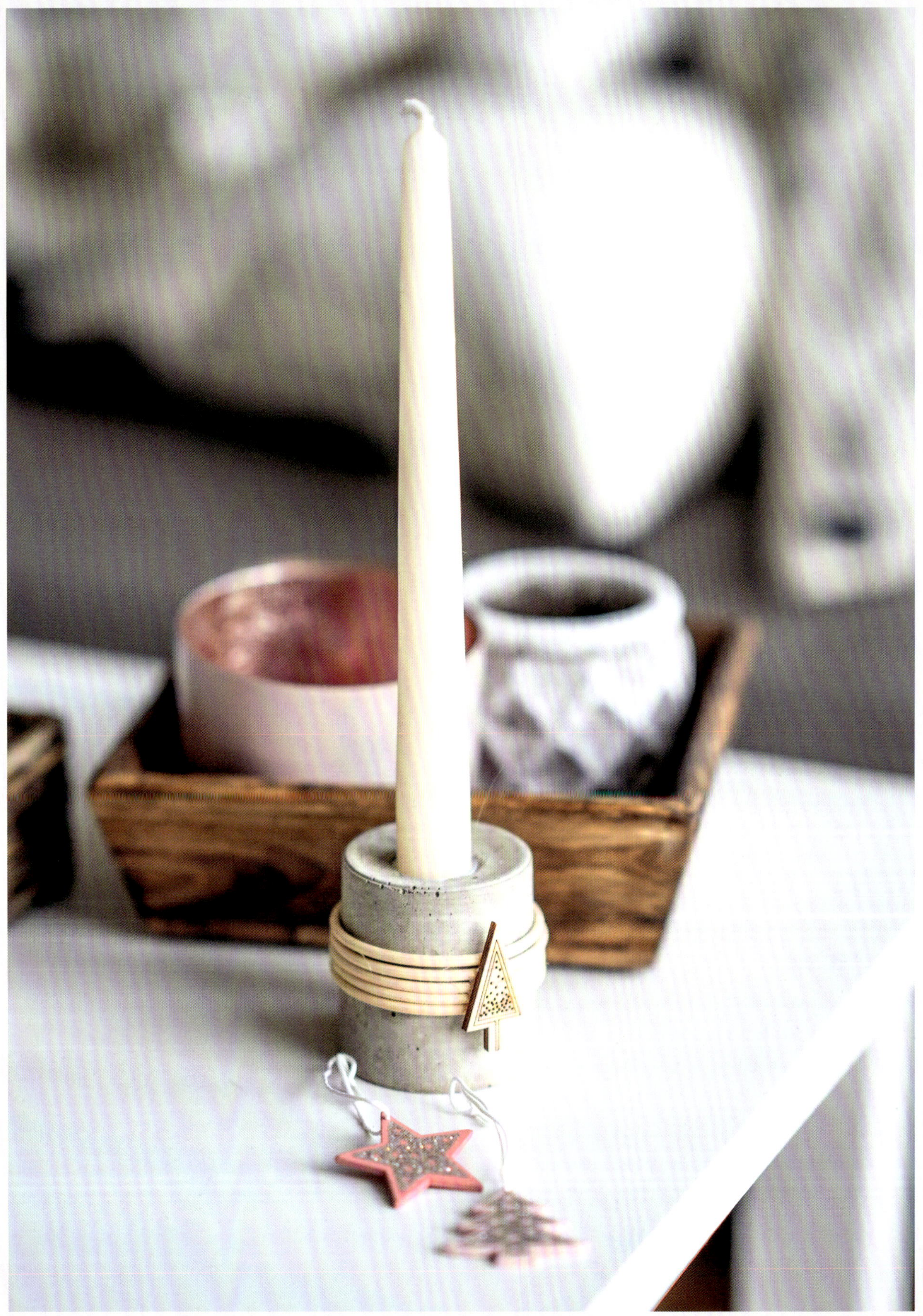

Beton-Kerzenständer

Material

Kreativ-Beton

Joghurtbecher

Metall-Kerzenhalter, Ø 2,2 cm

ca. 50 cm Peddigrohr, Ø 3 mm

Holz-Streudeko

Stabkerze, ecru

Hilfsmittel

Heißkleber

Garn

ggf. Teppichmesser

So geht's

Den Kerzenhalter mit der offenen Seite nach unten mittig im Joghurtbecher festkleben. Darauf achten, dass der Heißkleber sich innen an der Kante befindet und nicht nach außen quillt.

Den Beton nach Packungsanweisung anmischen und in den Becher füllen. Becher vorsichtig auf den Tisch klopfen, damit alle Luftblasen entweichen. Beton vollständig aushärten lassen. Solange der Beton sich kalt anfühlt, ist er noch nicht trocken.

Kerzenständer entformen (ggf. den Becher vorsichtig mit einem Teppichmesser aufschneiden). Peddigrohr fünf Minuten in warmem Wasser einweichen lassen. Peddigrohr aus dem Wasser holen und relativ eng aufwickeln. Aufgewickeltes Peddigrohr mit einem Stück Garn fixieren und trocknen lassen. Garn lösen, das Peddigrohr um den Kerzenständer wickeln und mit Heißkleber fixieren.

Streudeko-Teil nach Wahl auf das Rohr kleben. Stabkerze einsetzen.

Lichterstern

Material

5 Holzleisten, 1,5 x 2 cm

Nägel, 1,5 x 2 mm

LED-Lichterkette mit 20 Kugellämpchen

Acrylfarbe, weiß

Hilfsmittel

Holzleim

Pinsel

Hammer

So geht's

Die Holzleisten mit der Acrylfarbe weiß lasieren. Die Farbe gut trocknen lassen.

Die Leisten der Abbildung entsprechend zu einem Stern legen und die Form mit Nägeln und Holzleim fixieren. Den Lichterstrang der Abbildung entsprechend um einige Abschnitte des Sterns winden.

TIPP

Der Stern sieht auch in den klassischen Weihnachtsfarben Rot oder Grün sehr gut aus.

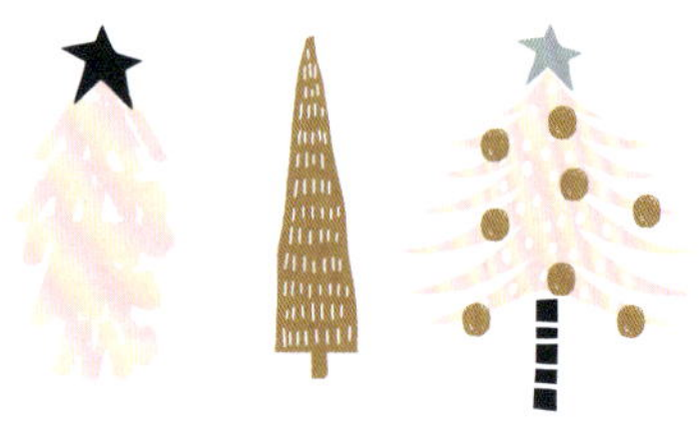

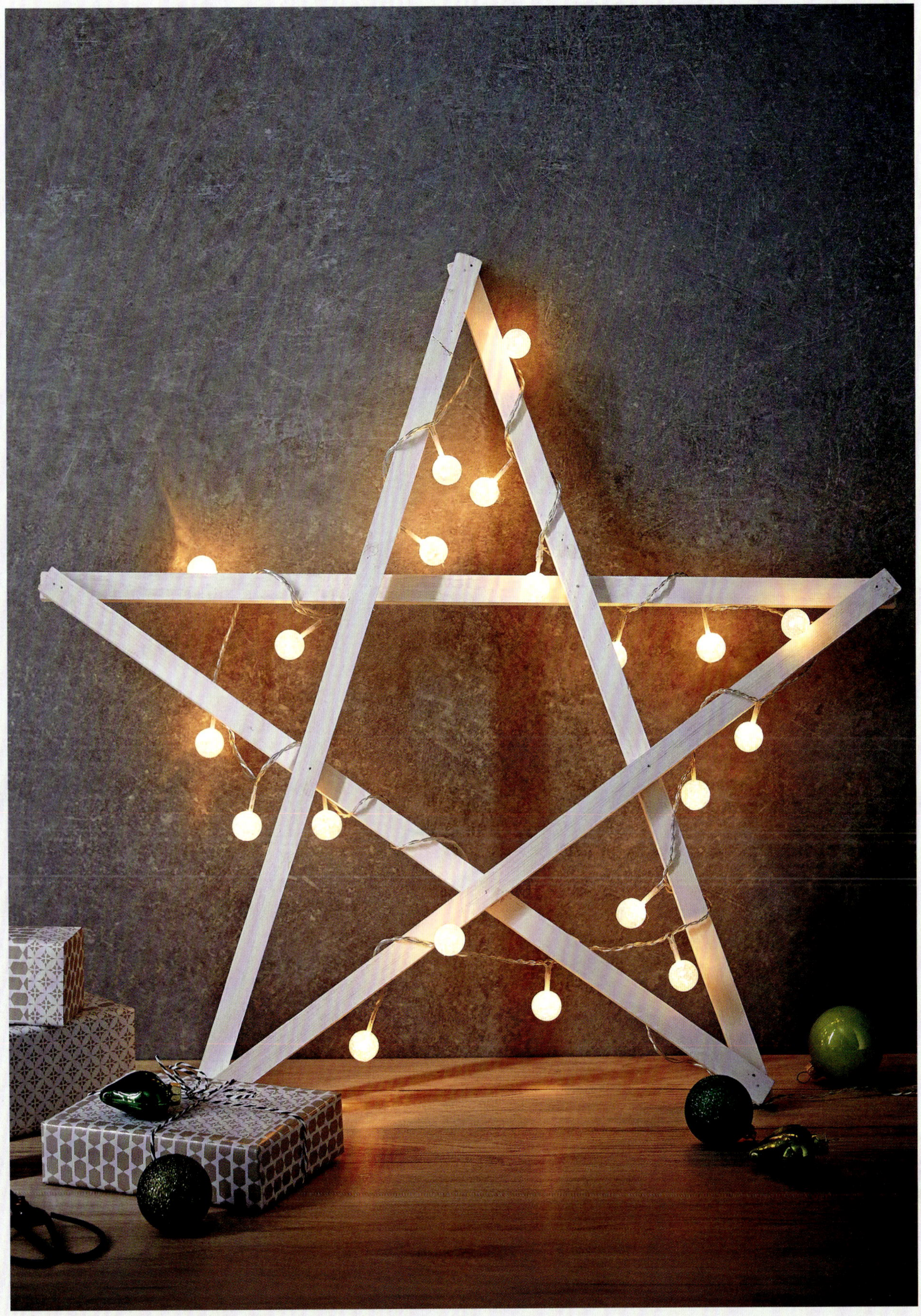

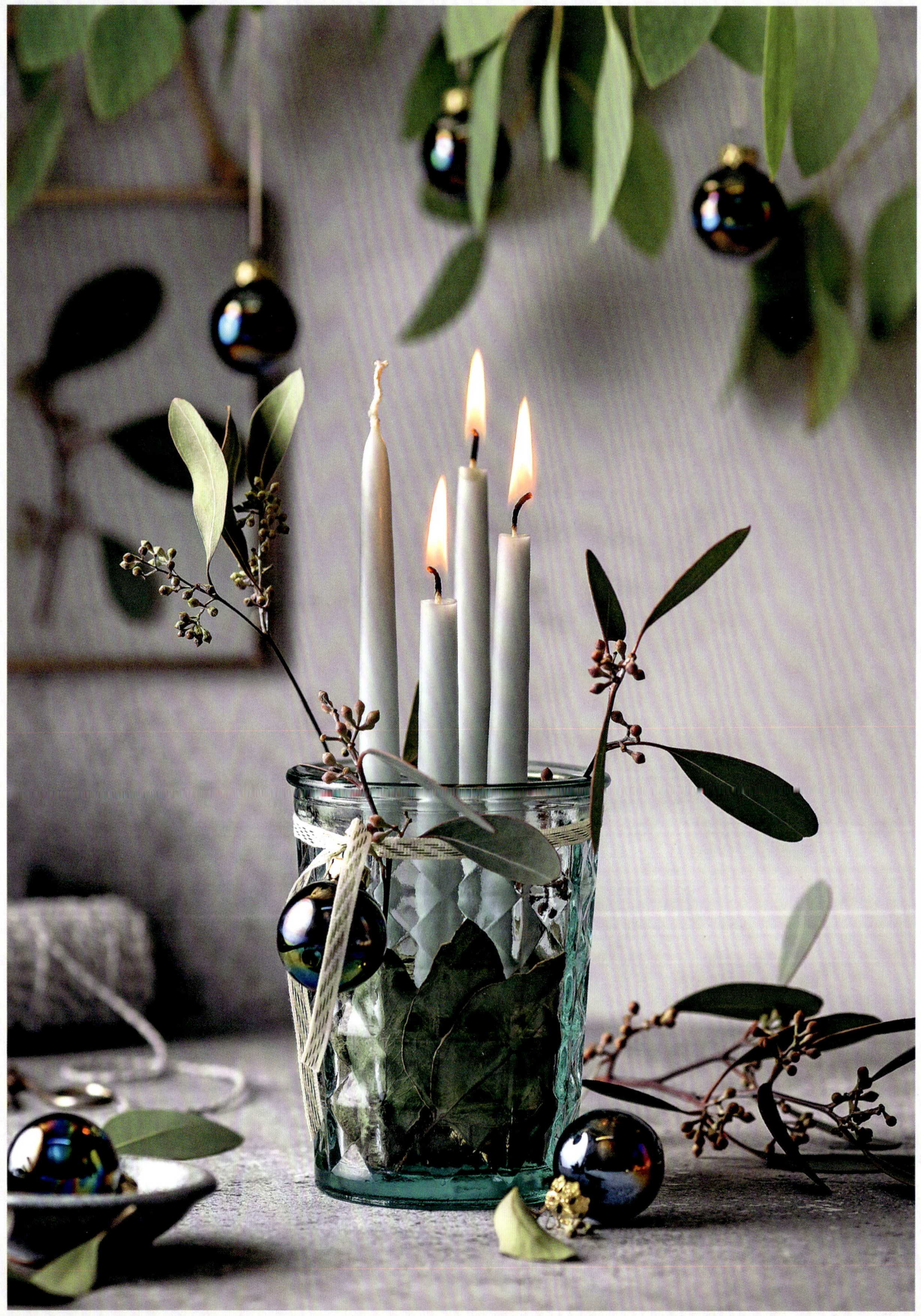

Mini-Adventskranz

Material

Trinkglas

4 dünne Kerzen, 20 – 25 cm

Eukalyptuszweige

Dekobandrest

kleine Christbaumkugel, grün

Hilfsmittel

Feuerzeug

ausgediente Kerze

So geht's

Die ausgediente Kerze anzünden und das flüssige Wachs der Kerze auf den Glasboden tropfen lassen. Sobald der Boden gut bedeckt ist, die vier Kerzen zügig in das Glas stellen und fest in das flüssige Wachs drücken. Einige Eukalyptusblätter wie auf dem Bild an die Glas-Innenwand legen.

Die übrigen Eukalyptuszweige im Glas drapieren und die Christbaumkugel mit dem Dekoband um den Glasrand binden.

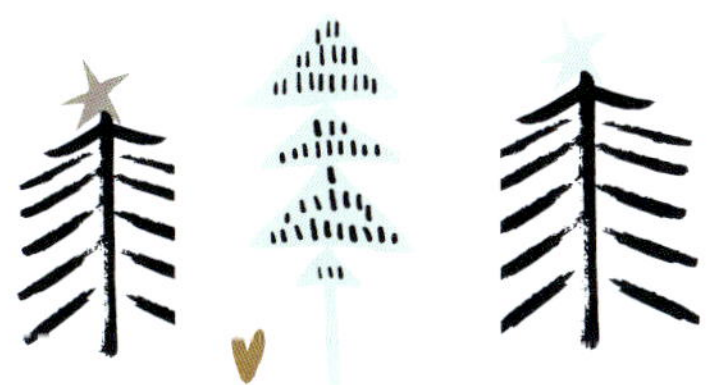

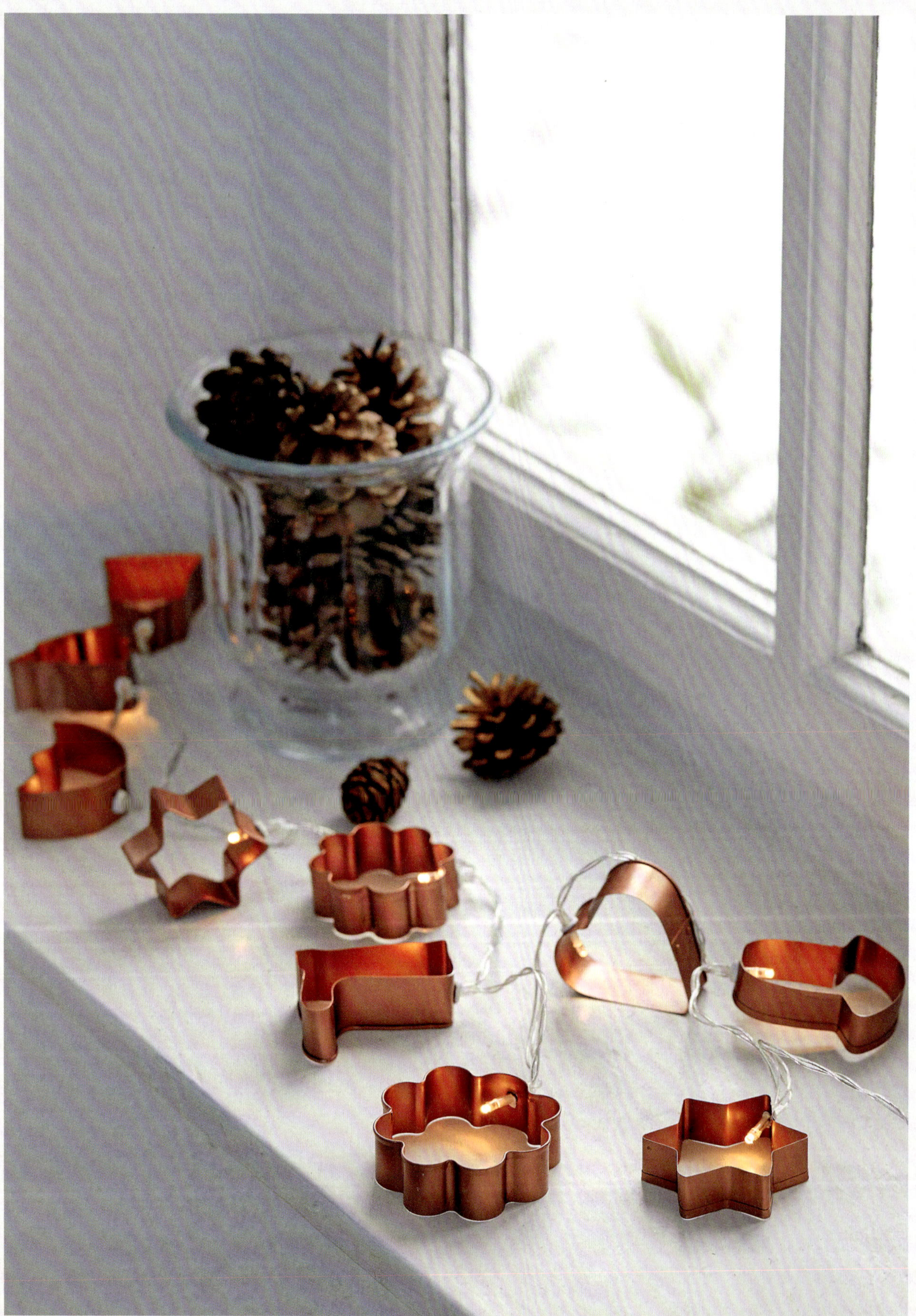

Lichterkette in Roségold

Material

10 Keksausstechformen aus dünnem Blech
LED-Lichterkette mit 10 Lämpchen
Farbspray in Kupfer
Silikonknetmasse, weiß

Hilfsmittel

Holzbrett
Nagel
lange Schraube
Hammer
Zange

So geht's

Zunächst in alle Ausstecher mit einem Nagel und einem Hammer vorsichtig ein Loch einschlagen; bei symmetrischen Formen (Glocke, Herz) am besten oben in die Mitte der Motive. Damit ein LED-Lämpchen durchpasst, muss das Loch noch vergrößert werden. Hierfür eine Schraube in das Loch drehen. Falls an dem Loch scharfe Kanten entstehen, diese zum Schluss mit einer Zange flach drücken.

Anschließend die Keksausstecher mit Farbe besprühen, am besten draußen an einem windstillen Ort. Die Arbeitsfläche großzügig mit alten Zeitungen auslegen. Die Farbe dünn aufsprühen, trocknen lassen; diesen Schritt zwei- oder dreimal wiederholen. Wenn die Formen gleichmäßig kupferfarben sind, die Farbe trocknen lassen.

Die Lämpchen durch die Löcher stecken und an der Außenseite rundherum mit etwas Silikonknetmasse fixieren.
Die Knetmasse etwa acht Stunden aushärten lassen.

Edle Kerzenständer

Material

3 Holzbalken gehobelt, 3,5 x 3,5 cm in 20 cm,
25 cm und 29 cm Länge

Acrylfarbe, schwarz

3 Doppelmuffen, kupfer 22 mm

Hilfsmittel

Forstner-Bohrer 24 mm

So geht's

Mit dem Forstner-Bohrer mittig in jeden Balken ein Loch von etwa 1 cm Tiefe bohren und die Ränder mit Schleifpapier glätten. Die Holzbalken mit Acrylfarbe in Schwarz bemalen und gut trocknen lassen.

In jede Bohrung eine Doppelmuffe einsetzen und gegebenenfalls mit Silikonkleber befestigen.

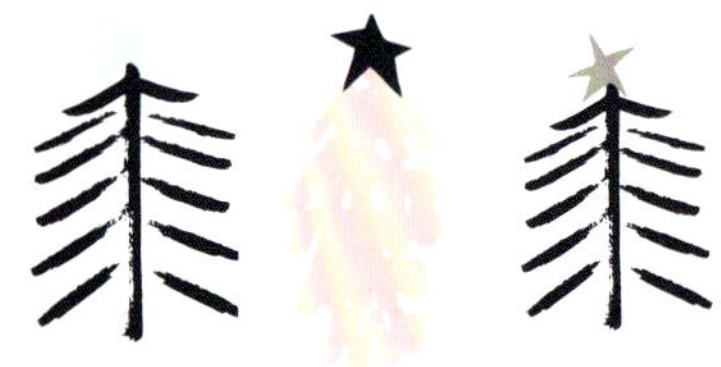

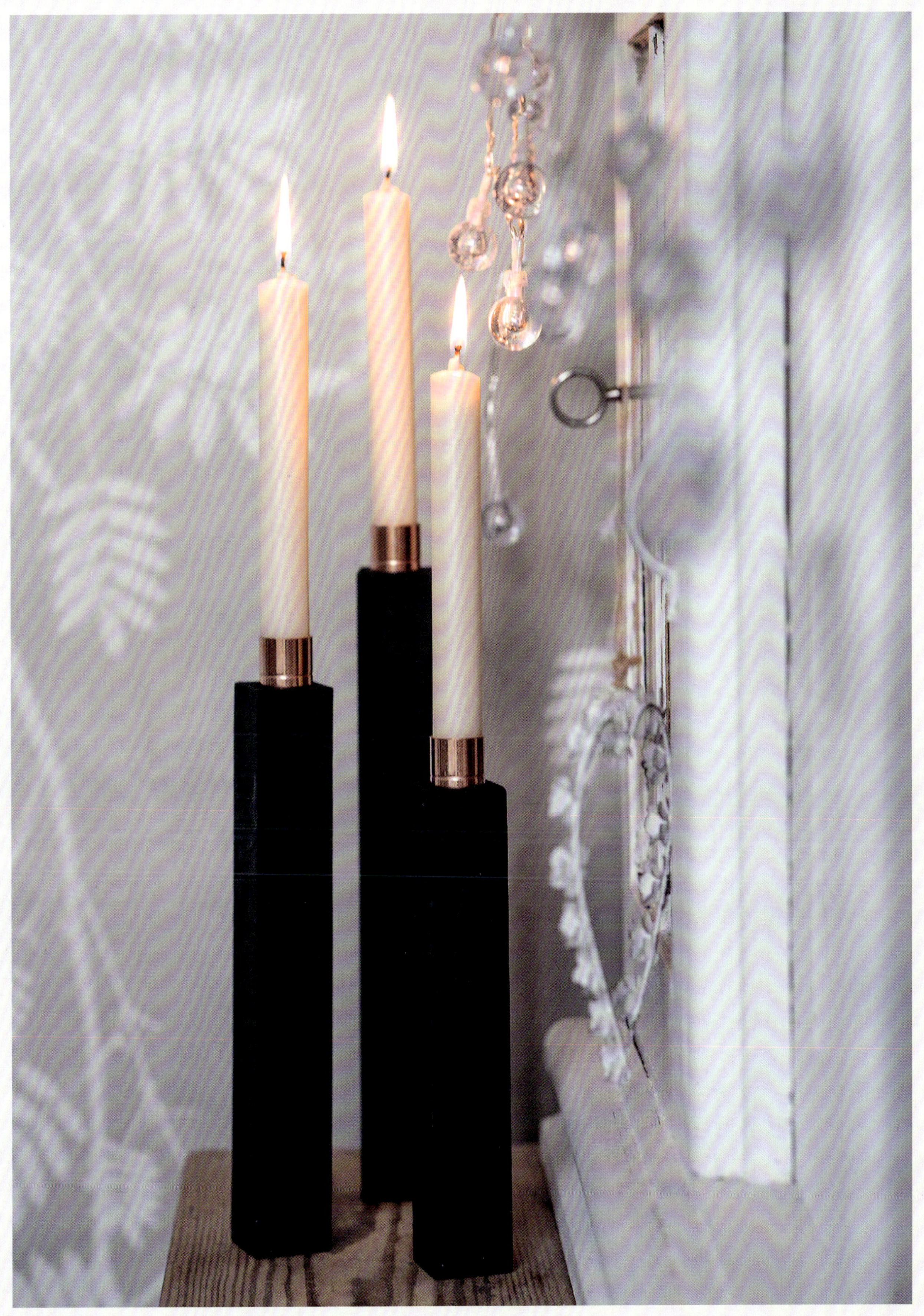

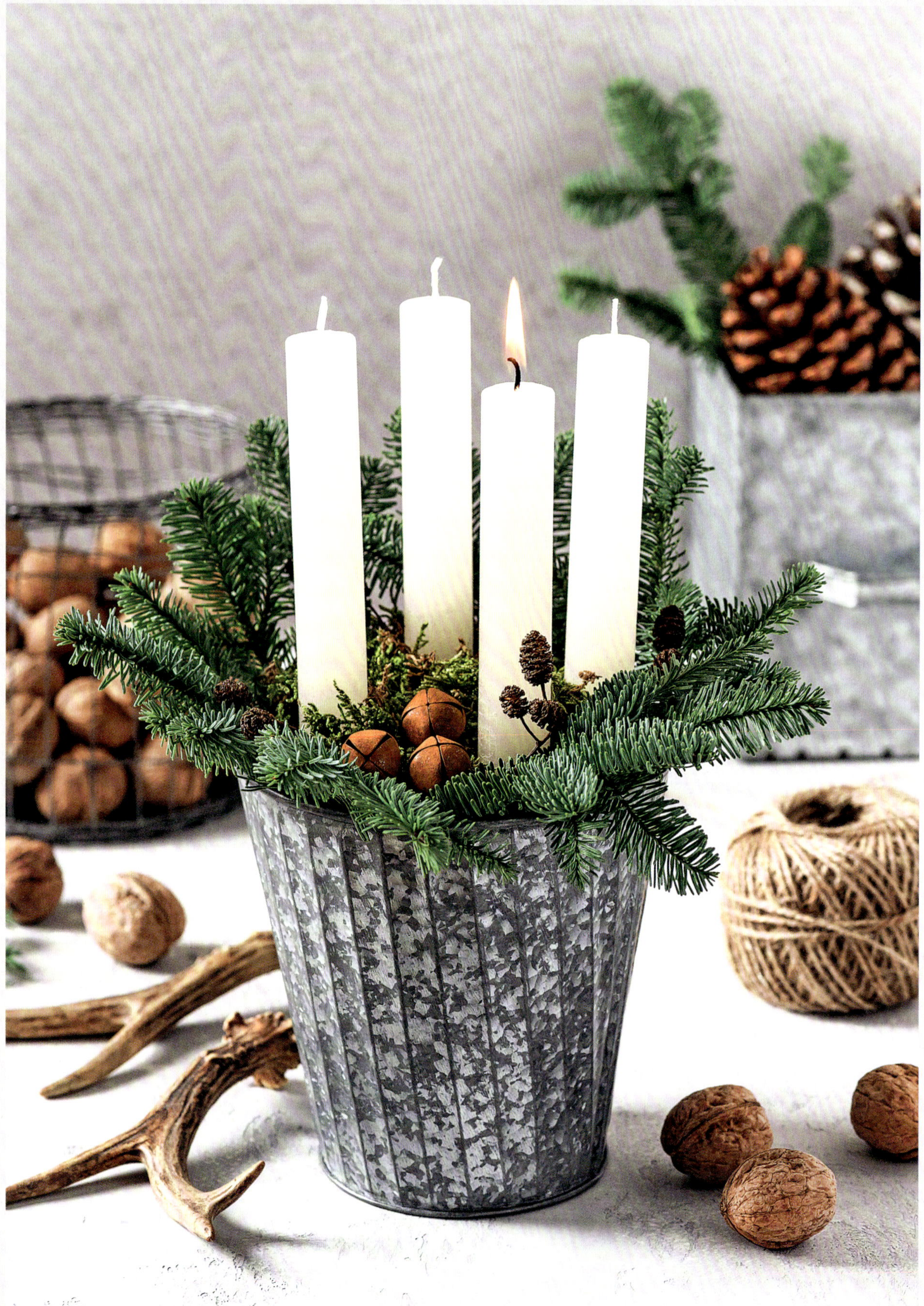

Schlichter Adventskranz

Material

Zink-Übertopf

4 Stabkerzen, creme

4 Stabkerzenhalter zum Stecken

Steckmasse

Tannengrün

Erlenzapfen

Deko-Glöckchen

Hilfsmittel

Schere

So geht's

Die Steckmasse passend für den Übertopf zurechtschneiden und hineindrücken. Sie sollte fest im Übertopf sitzen. Nun die Stabkerzenhalter mit ein wenig Abstand zueinander in die Steckmasse stecken, und die Kerzen einsetzen.

Das Tannengrün zurechtschneiden und um die Kerzen herum in die Steckmasse einsetzen. Mit den Glöckchen und den Erlenzapfen dekorieren.

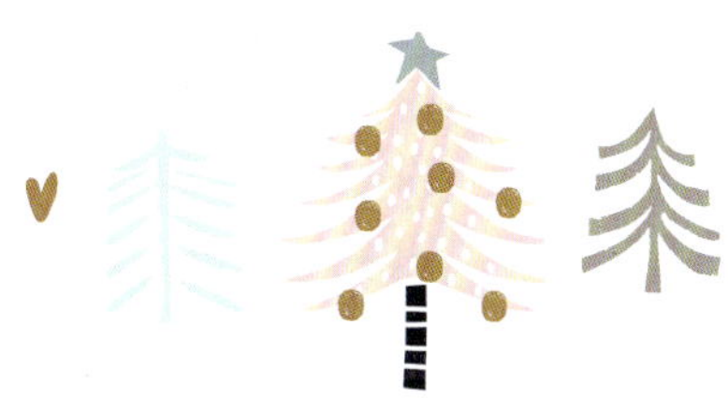

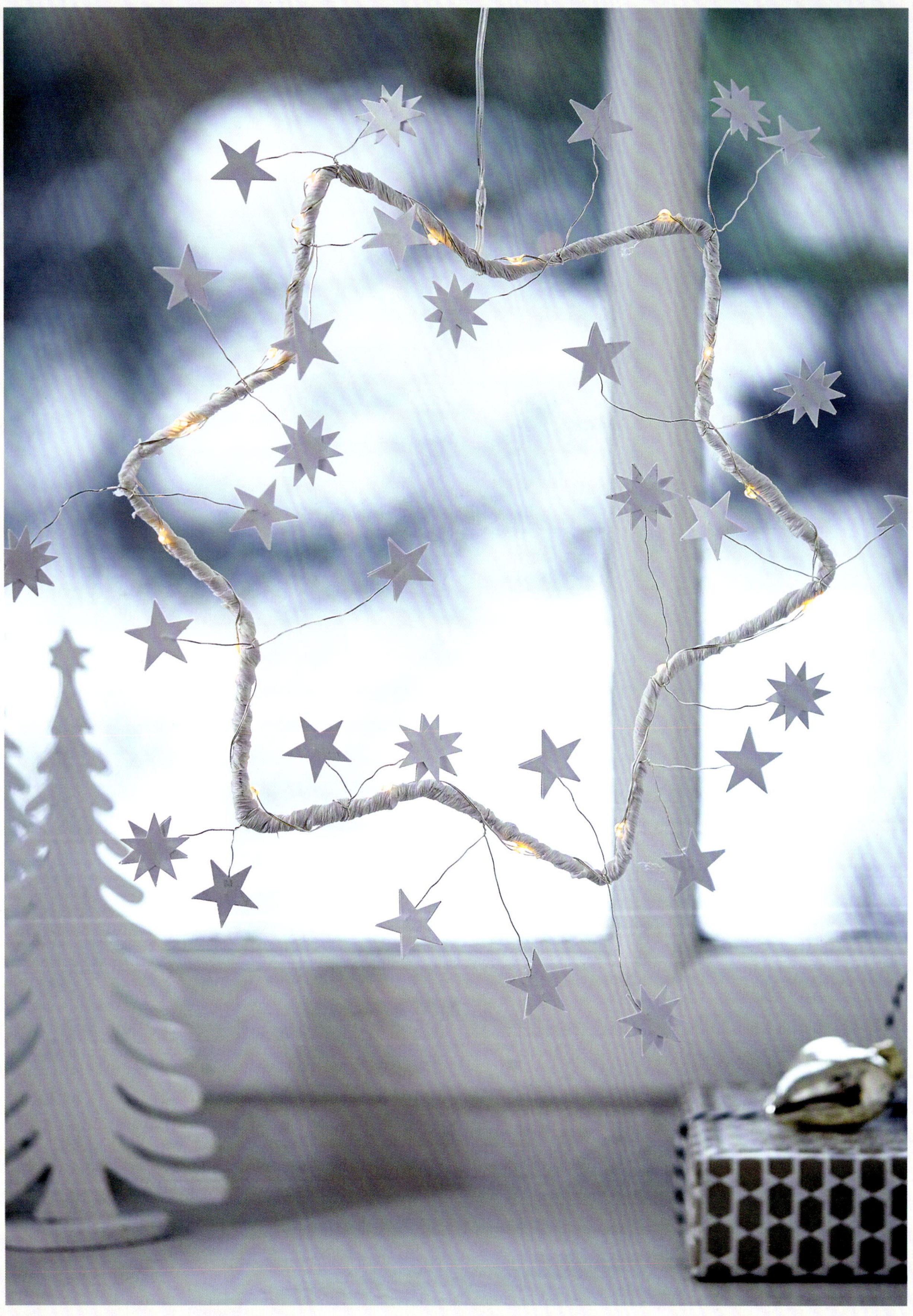

Sternenlicht

Material

Drahtform „Stern", Ø 25 cm

LED-Lichterkette aus Draht mit 20 Lämpchen

Silberdraht, Ø 0,4 mm

Krepppapier, weiß

Fotokarton, weiß

Motivstanzer „Stern", Ø 2 cm

Hilfsmittel

Heißkleber

Schere

So geht's

Aus dem Krepppapier mehrere 3 cm breite Streifen schneiden und den Stern damit eng umwickeln. Anfang und Ende der Streifen jeweils mit Heißkleber fixieren. Die Lichterkette um die Drahtform herumschlingen.

Aus dem Fotokarton 60 Sterne stanzen. Vom Silberdraht 15 Stücke mit jeweils 25 cm Länge abschneiden. Jedes Drahtstück in der Mitte knicken und die beiden Drahtstücke miteinander verdrehen.

An jedes Drahtende zwei Sterne kleben, der Draht befindet sich dabei zwischen den Sternen; die Sterne entweder passgenau oder leicht versetzt aufeinanderkleben. Jedes Drahtstück mittig knicken und der Abbildung entsprechend am großen Drahtstern befestigen.

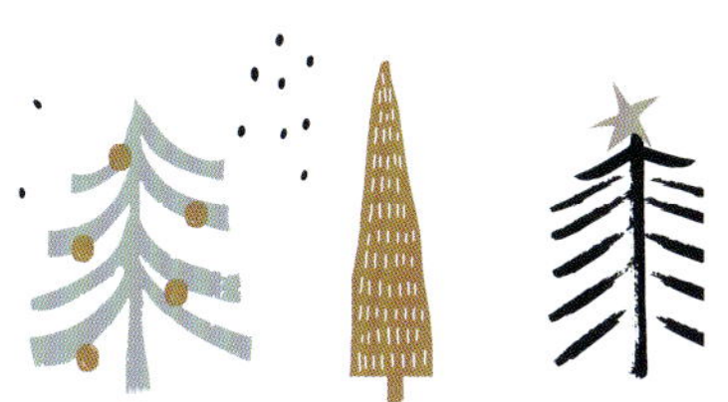

Adventsgestecke

Material

4 Schalen mit Steckschwamm
Islandmoos
kleine Weihnachtskugeln
Acryl-Marker, gold
Jutegarn
4 Kerzenhalter, gold Ø 7,5 cm
4 rustikale Kerzen, weiß
Spachtelmasse
Spachtel-Set
Farbpigment, anthrazit

Hilfsmittel

Schleifpapier

So geht's

Die Oberfläche der Schalen mit Schleifpapier anrauen, damit die Spachtelmasse besser hält. Spachtelmasse nach Packungsanweisung mit Wasser anrühren und das Pigmentpulver unterrühren, bis der gewünschte Farbton erreicht ist. Achtung: Beim Trocknen wird die Masse heller.

Mit einem goldenen Acryl-Marker die Zahlen eins bis vier auf die Weihnachtskugeln schreiben. Mit einem Spachtel die Masse auf den Schalen verteilen und alles aushärten lassen. In den Zwischenraum von Schale und Steckschaum Moos stopfen, bis der komplette Steckschaum an den Seiten verdeckt ist. Das Moos fixieren, indem es (ggf. mehrfach) mit Jutegarn umwickelt wird.

Weihnachtskugel auf das Garn auffädeln und eine feste Schleife binden. Kerzenhalter mittig in den Steckschaum stecken. Dieser fixiert das Moos zusätzlich. Kerze aufstecken. Dafür vorher ggf. die Spitze mit einem Feuerzeug erhitzen, damit die Kerze nicht bricht.

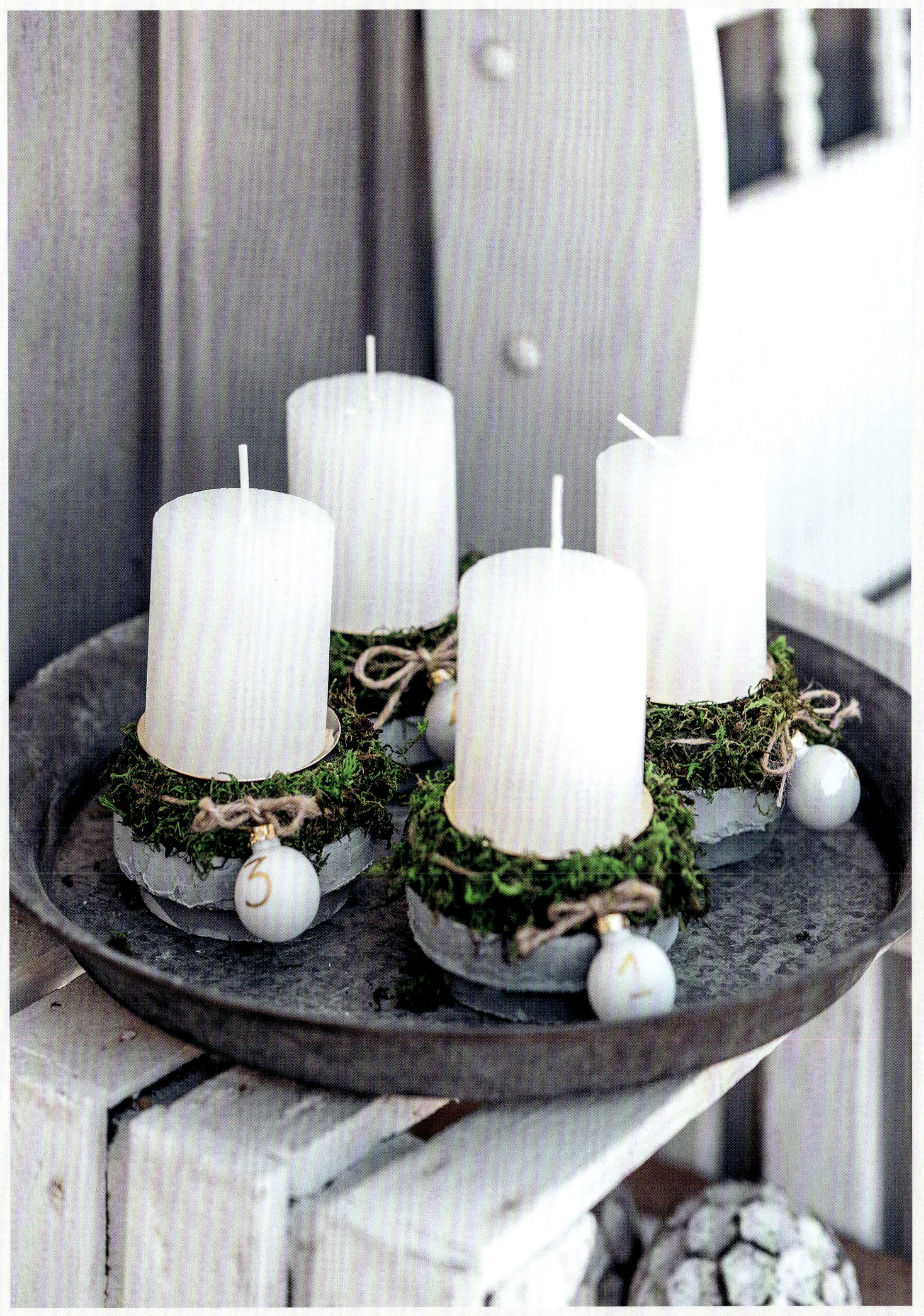
3
1

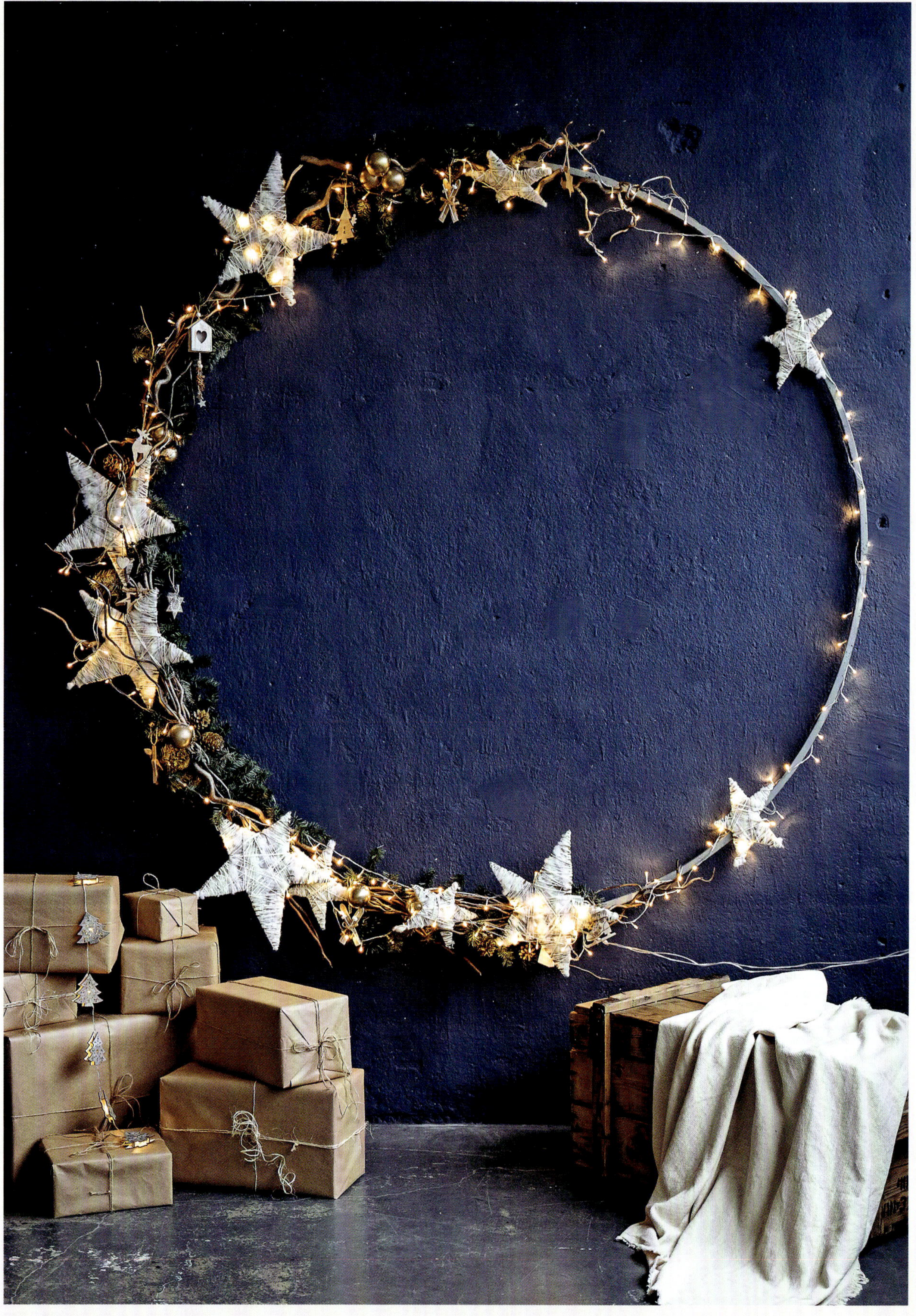

Runde Wand-Deko

Material

Holz-Ring, Ø 120 cm,
alternativ Hula-Hoop-Reifen
Äste
Tannenzweige
10 Christbaumkugeln, gold
10 Weiden-Dekosterne, diverse Größen
Tannenzapfen, gold
Sprühlack, gold
Christbaumanhänger nach Wunsch
Lichterkette, ca. 2 m lang
Basteldraht

Hilfsmittel

Heißklebepistole

So geht's

Zunächst die Tannenzweige mit dem Basteldraht auf gut der Hälfte des Rings anbringen. Die Äste auf das Tannengrün legen und ebenfalls mit Draht befestigen. Die Dekosterne und die Christbaumkugeln mit dem Heißkleber laut Abbildung anbringen.

Die Tannenzapfen mit dem Goldlack besprühen, trocknen lassen und ebenfalls ankleben. Nun die Lichterkette vorsichtig um den Ring wickeln. Mit dem Basteldraht die Christbaumanhänger anbringen.

Tipp: Sollte ein Hula-Hoop-Reifen verwendet werden, kann dieser vorher mit Acrylfarbe im Wunschton angemalt werden.

Kantholz-Kerzenhalter

Material

Kantholz, 8 x 8 x 35 cm

2 dünne Nägel, ca. 3 cm

Acrylfarbe, weiß

2 Stabkerzen, weiß

Hilfsmittel

Malerkrepp, schmal

Schleifpapier

Borstenpinsel

Schraubzwingen

Zange

Hammer

Säge

So geht's

Das Kantholz in zwei Teile sägen: in ein 15 cm und ein 20 cm langes Stück. Die Kanten mit Schleifpapier glätten. Den Umriss des Tannenbaums mit Malerkrepp aufkleben: Hierfür das Kreppband von der oberen Ecke einer Seite diagonal in die untere Ecke des Kantholzes führen. Diesen Schritt auf der anderen Seite wiederholen. Anschließend die untere Kante des Baumes sowie den Stamm abkleben.

Das Kreppband gut andrücken und in zwei bis drei Arbeitsschritten weiße Acrylfarbe auftragen. Zwischen den Arbeitsschritten die Farbe antrocknen lassen. Wenn die Farbe vollständig getrocknet ist, das Malerkreppband vorsichtig abziehen. Nun in die Mitte der Oberseite einen Nagel bis zur Hälfte in das Holz schlagen, den Kopf mit einer Zange vorsichtig abzwicken (Sichtschutz tragen) und eine Kerze aufsetzen.

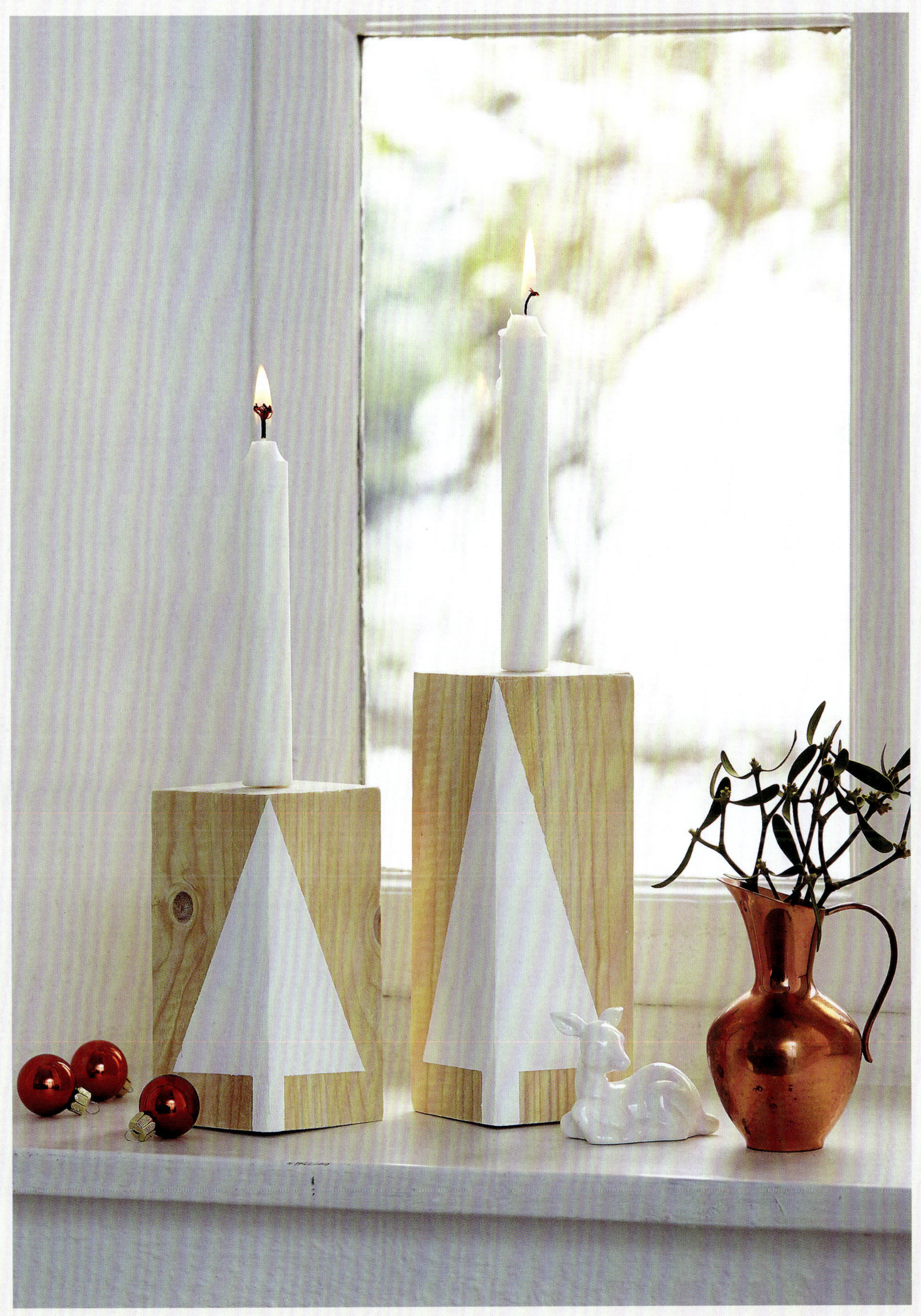

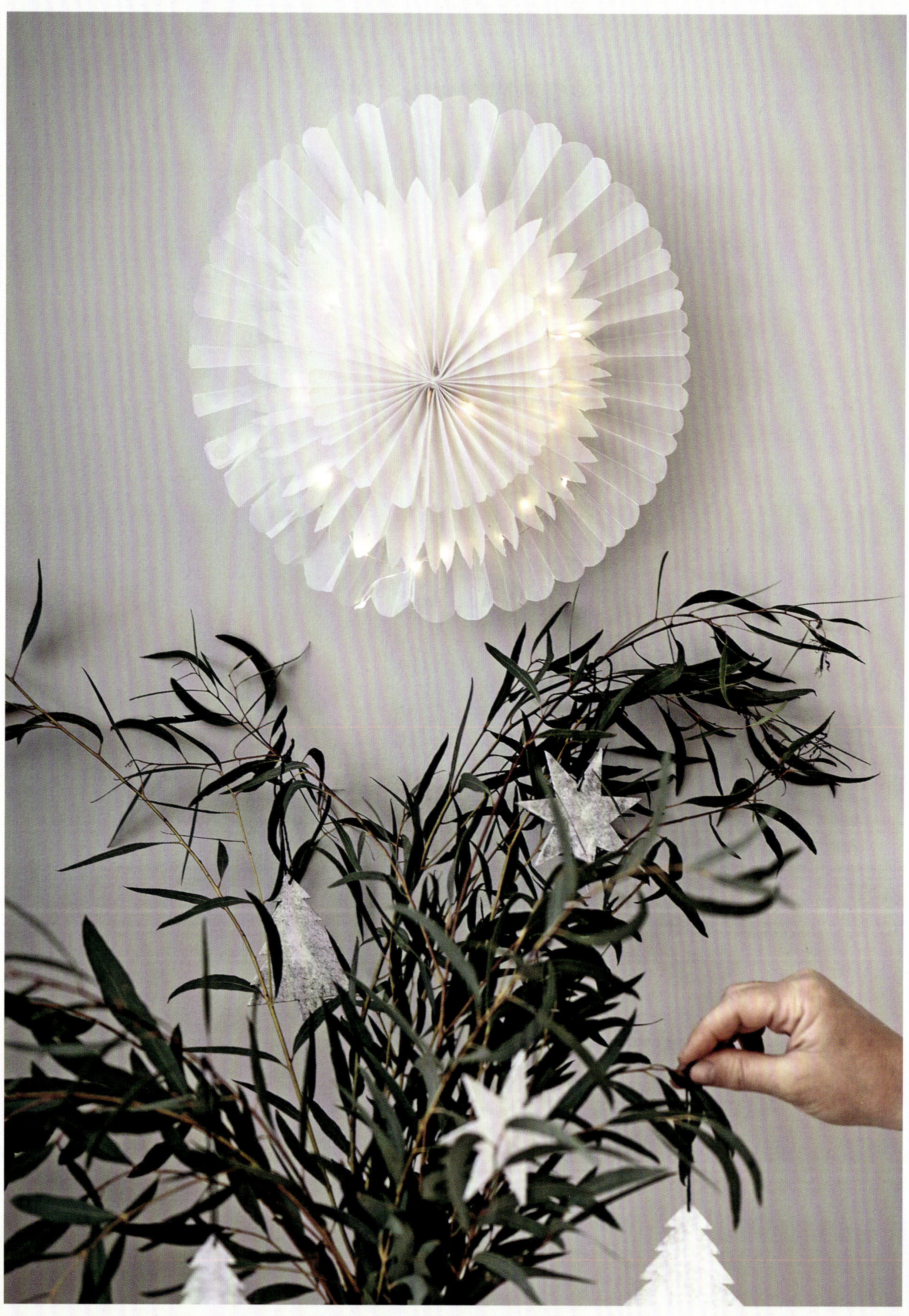

Beleuchtete Schneeflocke

Material

4 Blätter Transparentpapier, DIN-A4, weiß

schmales, doppelseitiges Klebeband

LED-Lichterkette

Pappe, weiß

Perlonfaden, transparent

Hilfsmittel

Schere

Heißkleber

Nadel

So geht's

Für die kleinste Manschette ein DIN-A4-Blatt Transparentpapier in der Mitte zerschneiden, sodass zwei DIN-A5-Blätter entstehen. Die DIN-A5-Blätter an der schmalen Seite mit einem Streifen doppelseitigem Klebeband zusammenkleben.

Für die große Manschette zwei DIN-A4-Blätter an der breiten Seite zusammenkleben. Für die mittlere Manschette ein DIN-A4-Blatt Transparentpapier verwenden. Für jede Manschette das Papier von der schmalen Seite aus mittels Zickzackfaltung bis zum Ende falten. Das gefaltete Papier in der Mitte knicken und die Ecken an der offenen Seite mit der Schere abrunden. Das Papier auffächern und mit doppelseitigem Klebeband auf beiden Seiten zusammenkleben.

Perlonfaden mithilfe einer Nadel durch die kleinen Öffnungen links und rechts neben dem Mittelpunkt aller drei Manschetten ziehen und auf der Rückseite verknoten. Aus der weißen Pappe einen Kreis ausschneiden, der etwas kleiner als die kleinste Manschette ist. Pappe mit Heißkleber mittig auf die Rückseite der Schneeflocke kleben.

Eine Schlaufe aus Perlonfaden knoten und mit Heißkleber auf die Pappe kleben. Daran kann die Schneeflocke später aufgehängt werden. Batteriefach der Lichterkette mit Heißkleber (oder bei Bedarf mit Klett) an der Pappe befestigen. Lichterkette zwischen die einzelnen Manschetten wickeln.

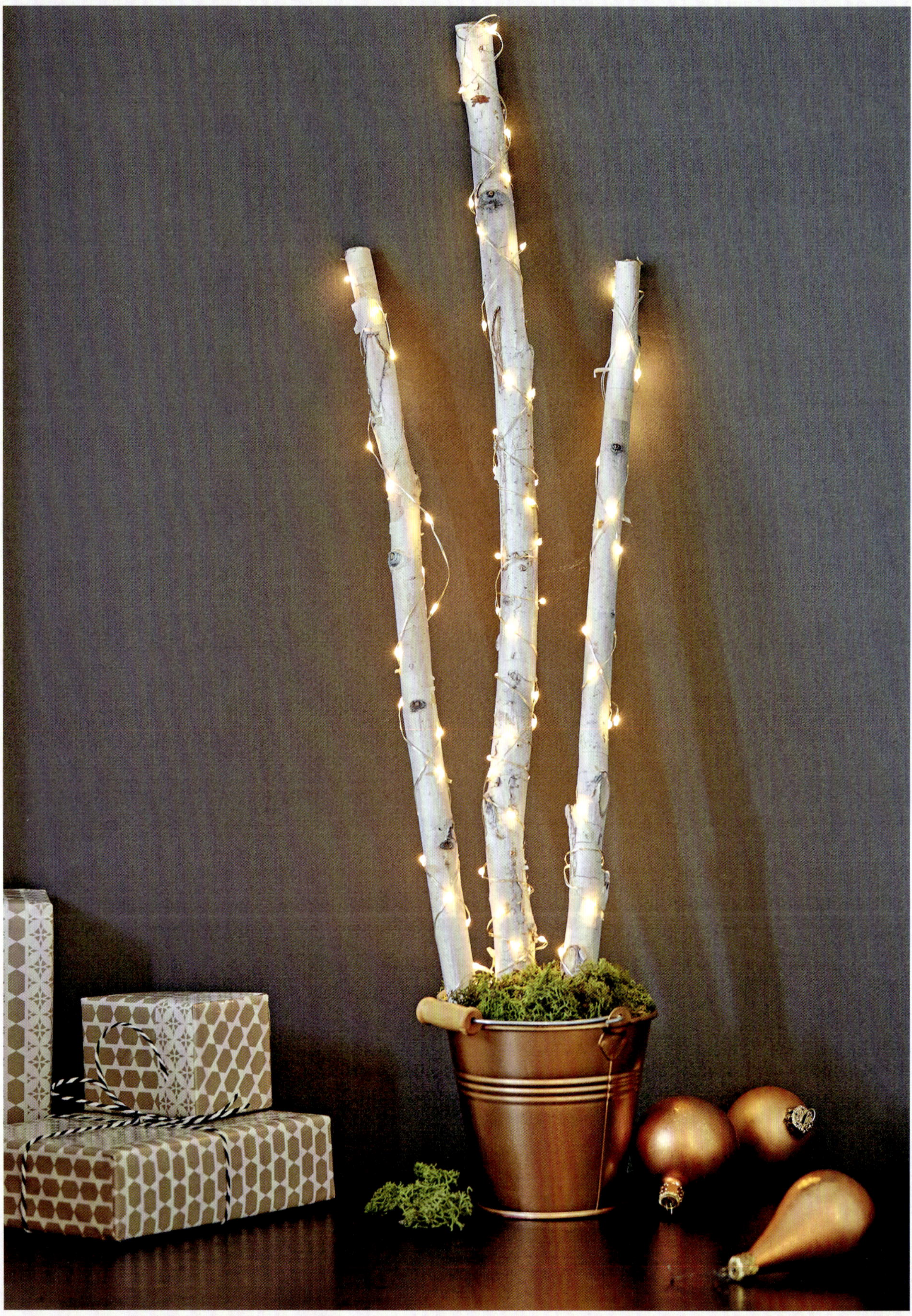

Lichteräste

Material

3 Äste, ca. 50 – 60 cm, Ø 1,5 – 2 cm
3 LED-Lichterketten aus Draht mit je 20 Lämpchen
Blumentopf oder Metalleimer, Ø 14 cm, 15 cm hoch
Farbspray, weiß, gold
Deko-Moos

Hilfsmittel

alte Zeitungen

So geht's

Mit weißer Sprühfarbe die Zweige der Abbildung entsprechend dünn und gleichmäßig einsprühen, am besten draußen an einem windstillen Ort; dabei die Arbeitsfläche mit alten Zeitungen auslegen. Die Farbe trocknen lassen.

Als Nächstes das Gefäß goldfarben einsprühen; in drei bis vier Arbeitsschritten die Farbe gleichmäßig deckend auftragen. Nach jedem Schritt die Farbe antrocknen lassen.

Nun die Äste mit dem LED-Draht umwickeln. Dazu am unteren Astende anfangen und die Hälfte des Drahts nach oben wickeln, danach über Kreuz den Draht wieder rundherum nach unten führen.

Die drei Äste und die Batteriefächer in dem Gefäß verstauen. Die Schalter oben platzieren. Zum Schluss etwas Moos ergänzen.

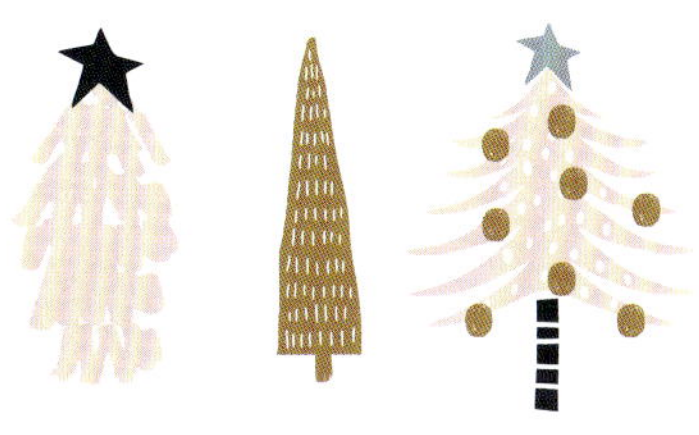

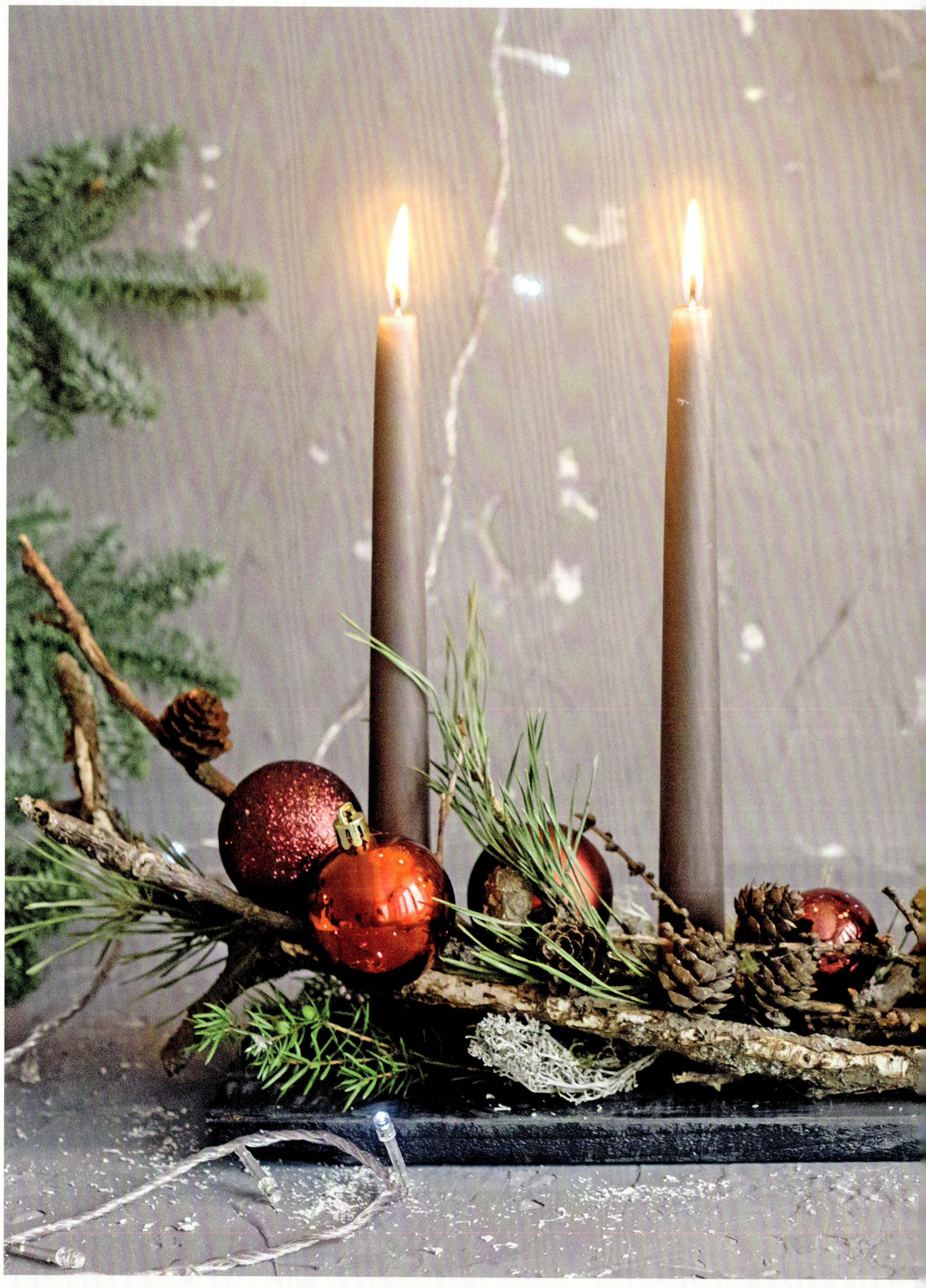

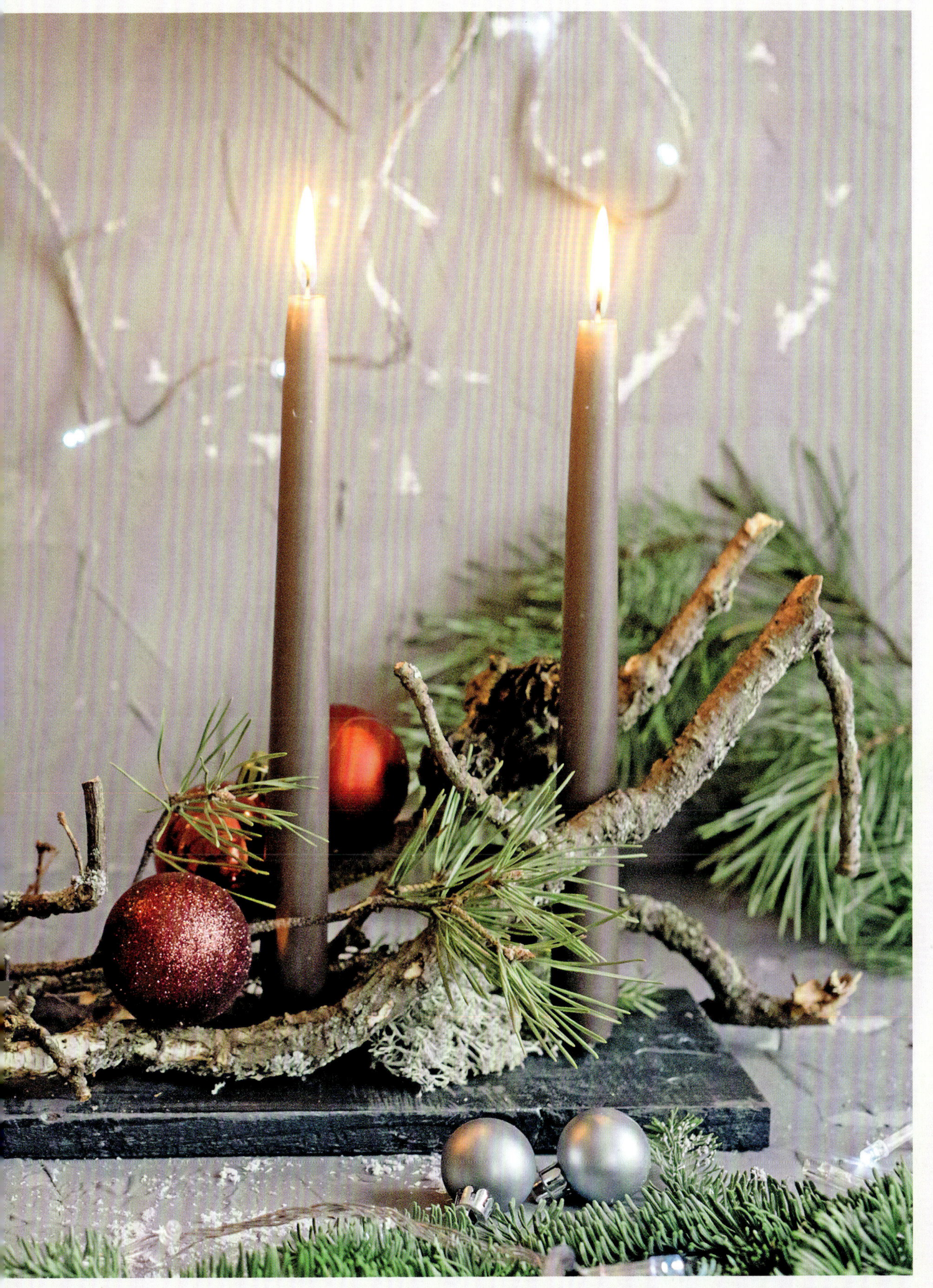

Länglicher Adventskranz

Material

Holzbrett, ca. 40 x 10 cm

4 lange Nägel

Acrylfarbe, schwarz

4 Stabkerzen, braun

2 – 3 Äste, ca. 45 cm

etwas Tannengrün

Islandmoos

7 rote Christbaumkugeln, diverse Ø

Hilfsmittel

Pinsel

Bleistift

Hammer

Klebepistole

So geht's

Das Holzbrett mit der Acrylfarbe anstreichen. Nach dem Trocknen mit einem Bleistift auf der Brettunterseite vier Stellen für die Kerzen markieren. Die Nägel auf der Unterseite einschlagen, sie dienen als Halterung für die Kerzen. Die Kerzen vorsichtig auf die Nägel stecken.

Nun die Äste nach Wunsch auf dem Brett platzieren und mit der Klebepistole befestigen. Das Tannengrün und das Islandmoos dazu dekorieren und die Christbaumkugeln ebenfalls mit der Klebepistole nach Wunsch anbringen.

Buchstabenlicht

Material

Pappbuchstaben „H", „O", „M", „E", 11,5 x 20 cm
LED-Lichterkette mit 20 Lämpchen
Acrylfarben, weiß, schwarz
Buntstifte, weiß, schwarz

Hilfsmittel

Heißkleber
Pinsel
spitze Schere
Cutter

So geht's

Mit dem Cutter die Buchstaben an einer Seite aufschneiden. Weiße und schwarze Acrylfarbe so mischen, dass ein mittlerer Grauton entsteht. Drei Buchstaben mit diesem Farbton bemalen; einen Buchstaben weiß grundieren. Die Farbe gut trocknen lassen.

Auf die Innenflächen der Buchstaben mit weißem bzw. schwarzem Buntstift Muster zeichnen. Zur Befestigung der Lichterkette mit einer spitzen Schere der Abbildung entsprechend Löcher vorstechen, die Lämpchen von der Rückseite her durchstecken und mit Heißkleber fixieren.

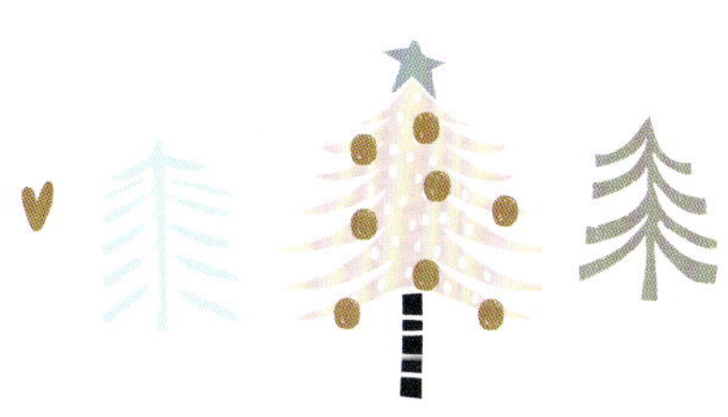

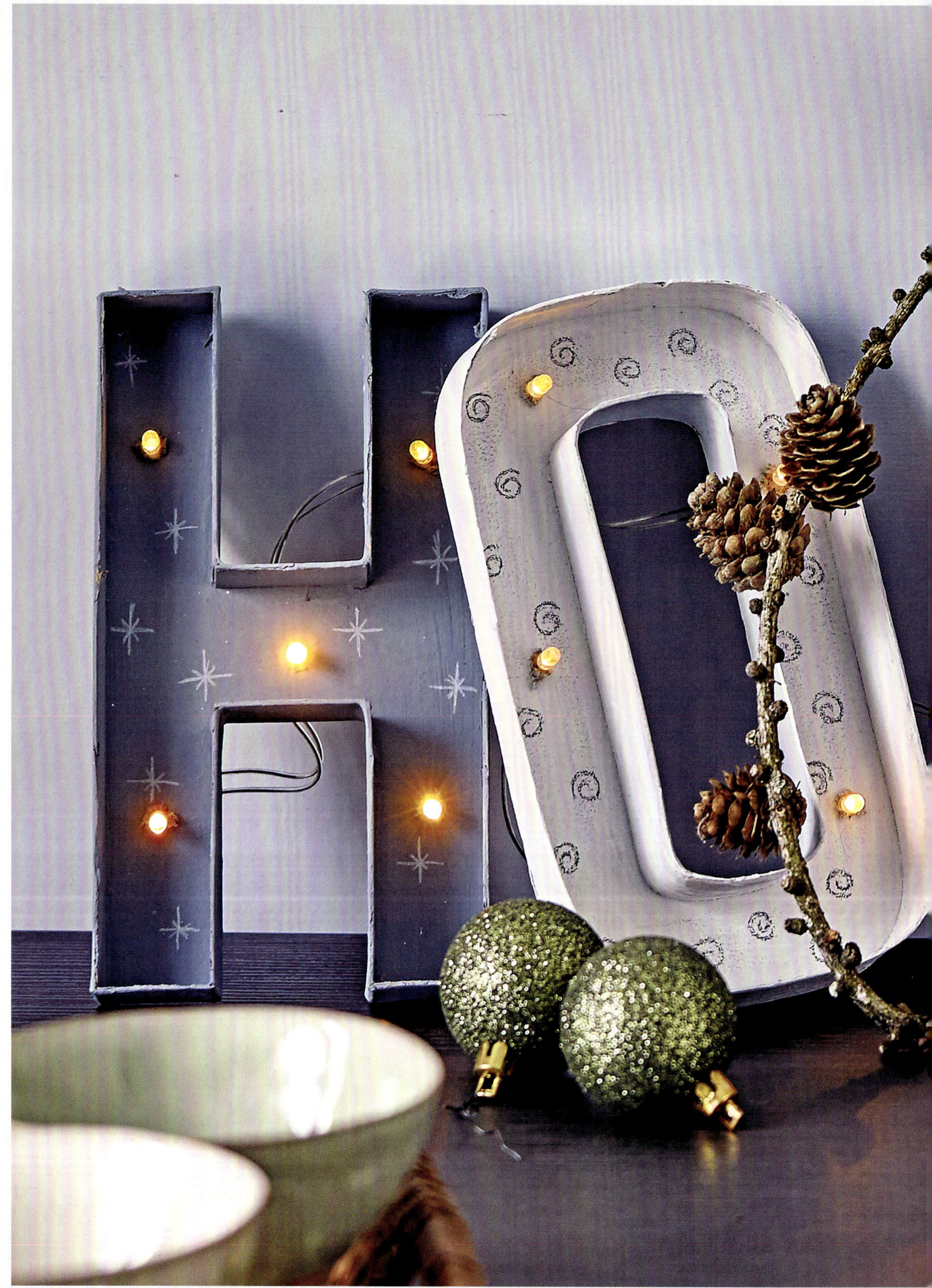

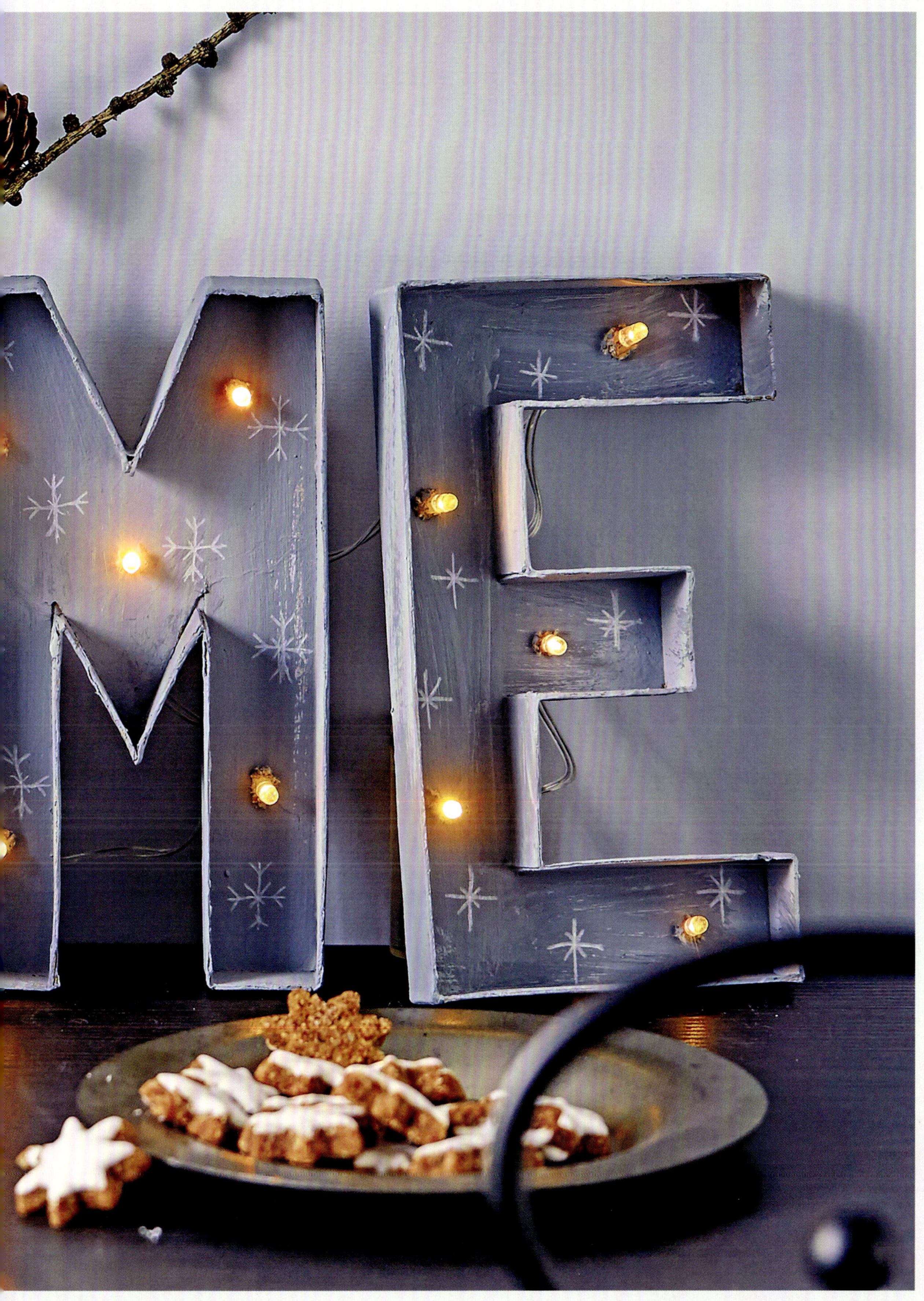

Holzlaterne

Material

24 Bastelklötzchen

Transparentpapier, weiß

Kerze

Hilfsmittel

Holzleim

Drucker

Vorlage

So geht's

Acht Bastelklötzchen aneinanderkleben. Dabei darauf achten, dass die Kanten alle gerade sind. Überschüssigen Holzleim direkt abwischen. Jeweils vier Klötzchen zu einem Rahmen zusammenleimen. Die senkrechten Klötzchen müssen auf das waagerechte Klötzchen geklebt werden und nicht daneben. Fortführen, bis vier Rahmen fertig sind und den Leim dann aushärten lassen.

Ein Blatt Transparentpapier mit Wunschmotiv (s. Seite 107) bedrucken. Vier Blätter Transparentpapier so zuschneiden, dass sie die Öffnung der Rahmen bedecken, aber außen dennoch ein kleiner unbedeckter Rand vom Holz bleibt. Das zugeschnittene Transparentpapier mit Holzleim von innen auf die Rahmen kleben.

Einen Rahmen an die Kante auf (nicht neben) die Achter-Platte kleben und den Leim trocknen lassen. Mit den anderen Rahmen so fortfahren und auch die langen Seiten verkleben. Den Leim trocknen lassen.

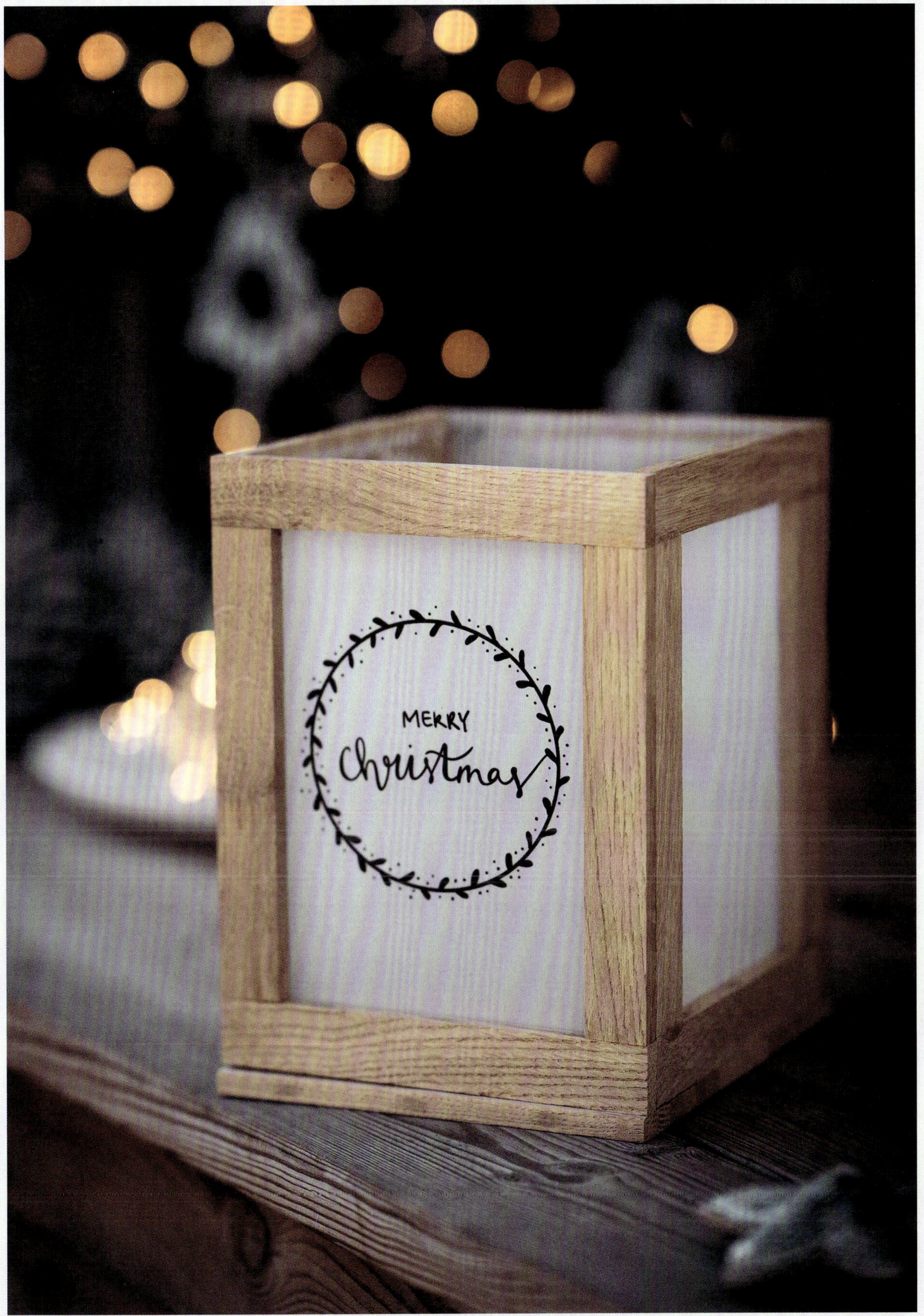
MERRY
Christmas

Rezept Lussekatter

Zutaten

150g Butter
500 ml Milch
2 Päckchen Hefe
180g Zucker
0,5g Safran
250g Quark
Salz
2 Eier
ca. 1kg Mehl
Rosinen oder Cranberries

So geht's

Butter mit der Milch leicht erwärmen (ca. 37°), die Hefe, den Zucker und den Safran hinzufügen. Dann den Quark sowie das Salz und ein Ei unterheben. Nun nach und nach das Mehl unterarbeiten. Sollte der Teig zu klebrig werden, ruhig etwas mehr Mehl hinzufügen. Die Rosinen bzw. Cranberrys dienen hauptsächlich der Dekoration, aber ich mische auch immer welche unter den Teig.

Nun den Teig etwa eine Stunde gehen lassen. Er sollte sich fast verdoppeln. Danach einteilen und in die gewünschte Form rollen. Welche Möglichkeiten es gibt, seht ihr unten. Wichtig ist es nun, die Teilchen mit dem zweiten verquirlten Ei zu bestreichen und nach Geschmack mit Zucker bestreuen, die Deko-Rosinen bzw.- Cranberrys nicht vergessen!

Bei etwa 200° 9 – 12 Minuten backen. Und dann: genießen!

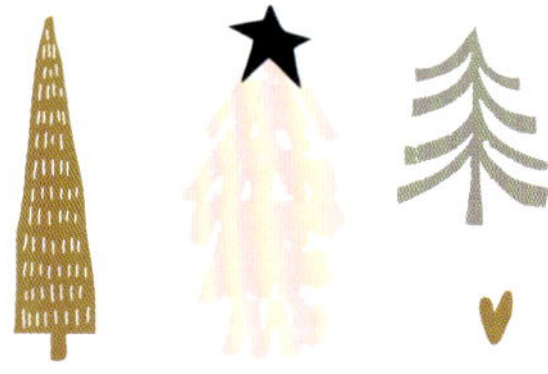

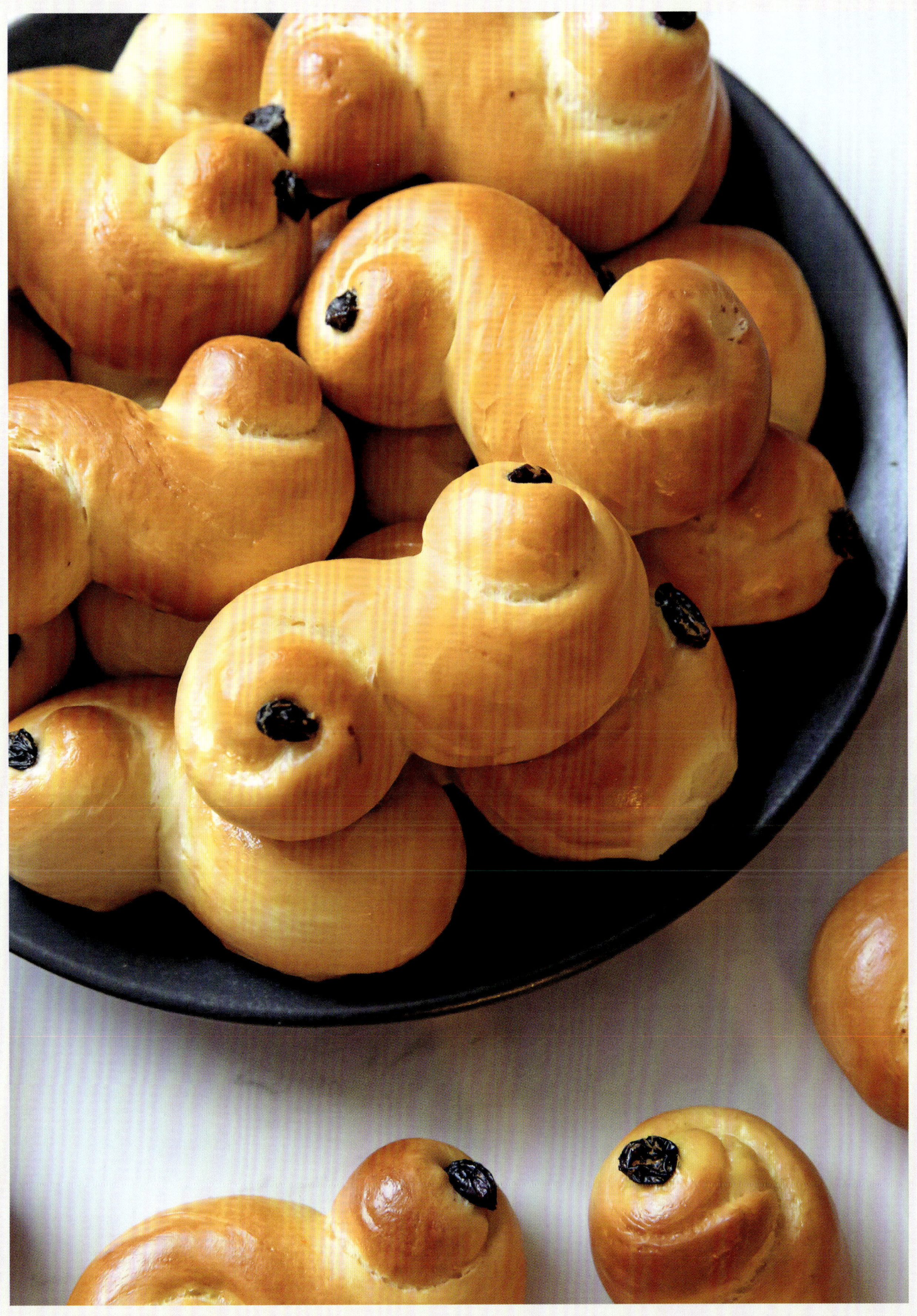

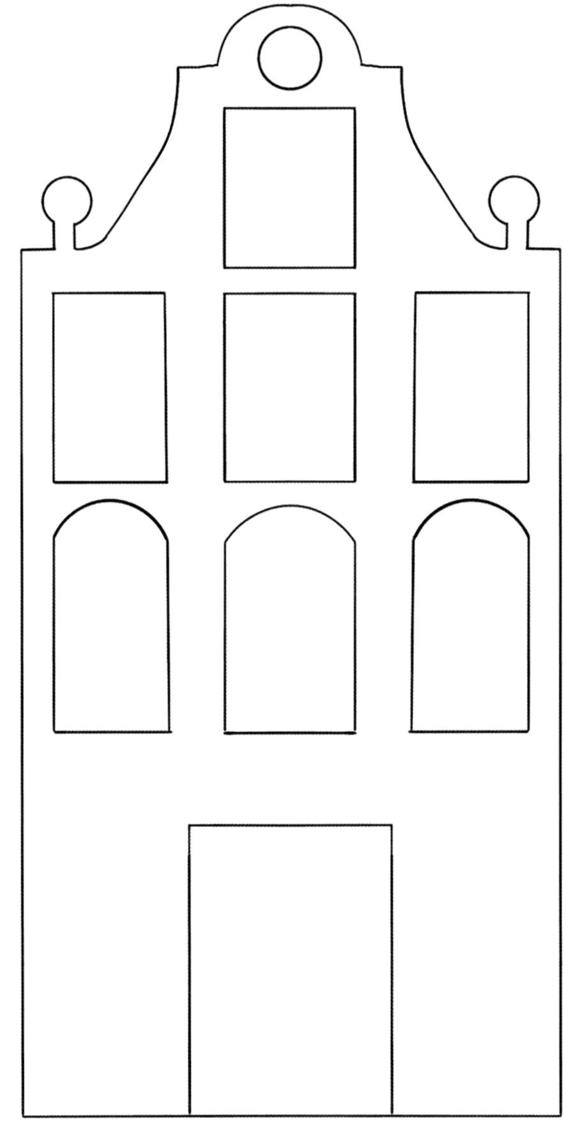

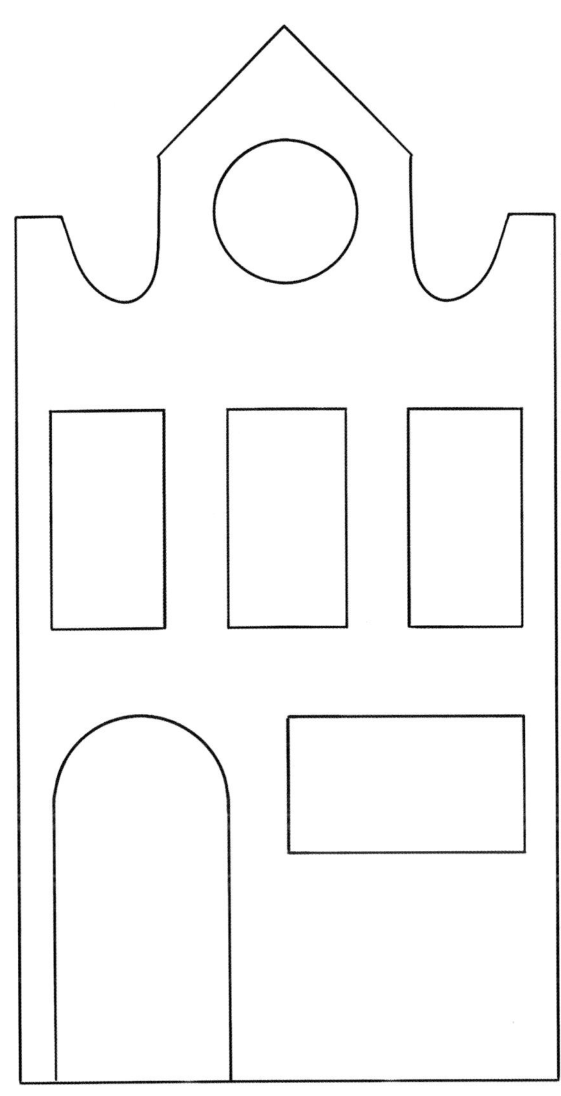

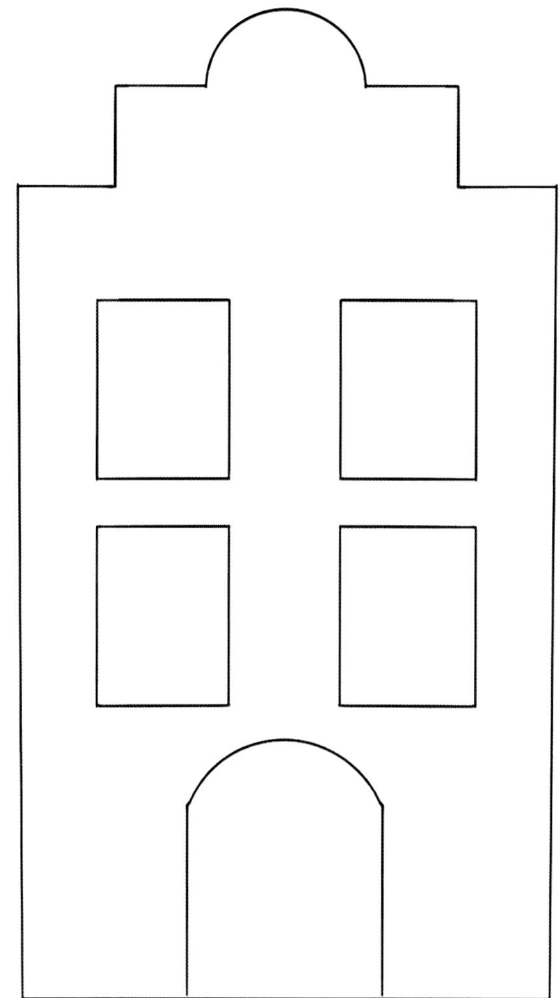

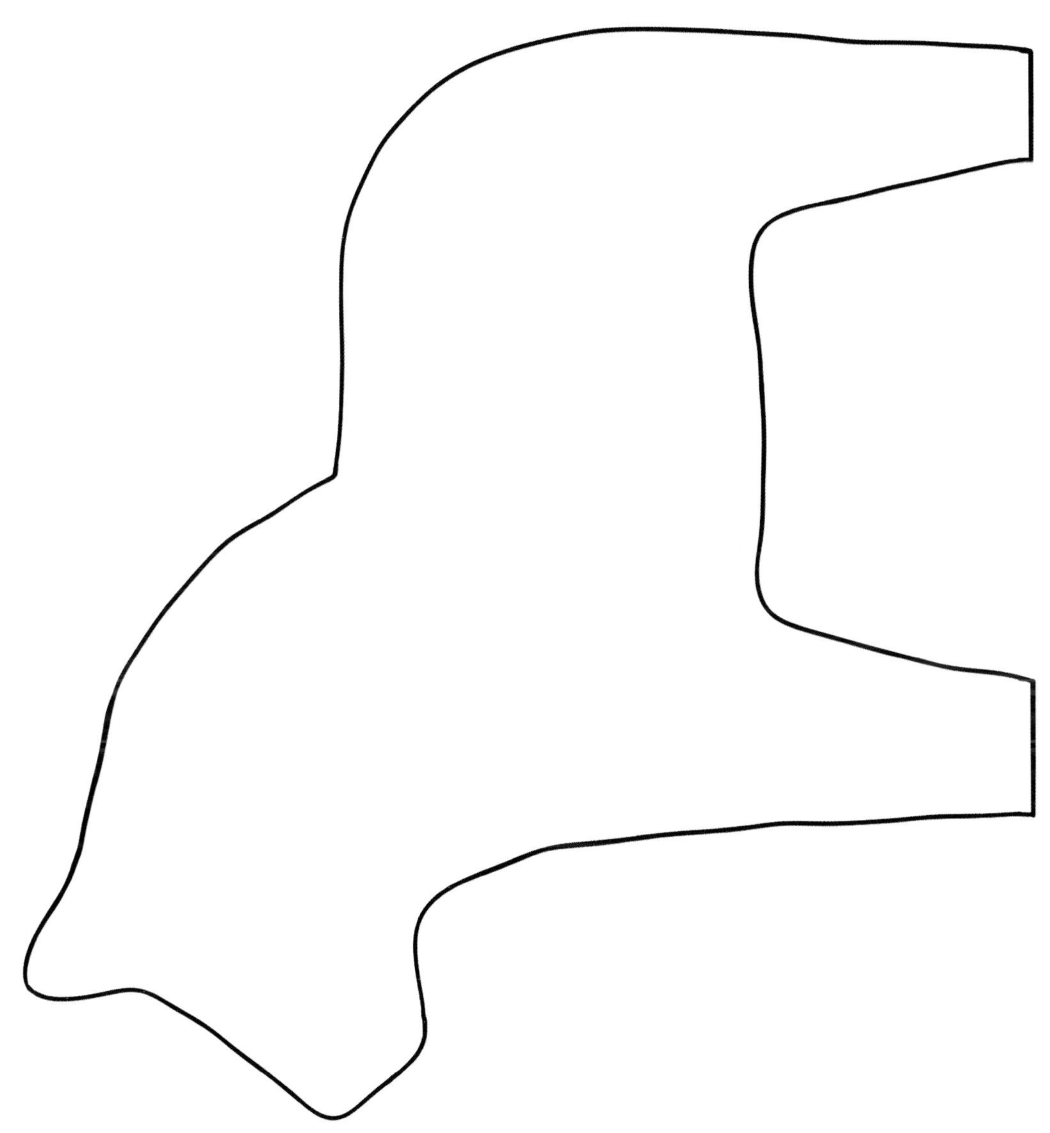

FROHE
Weihnachten

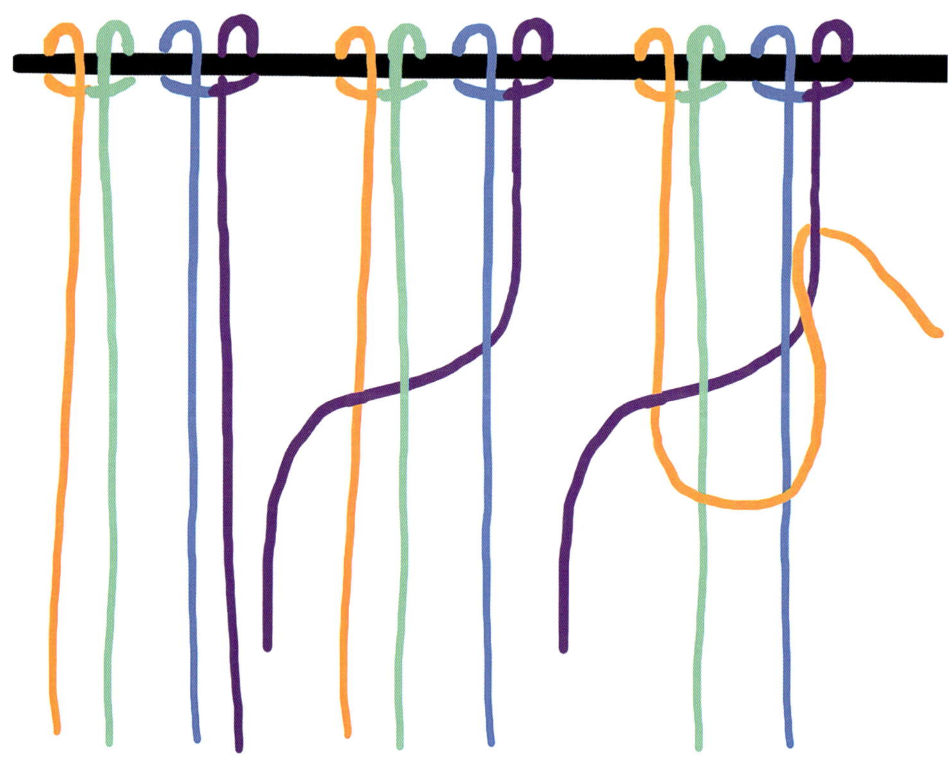

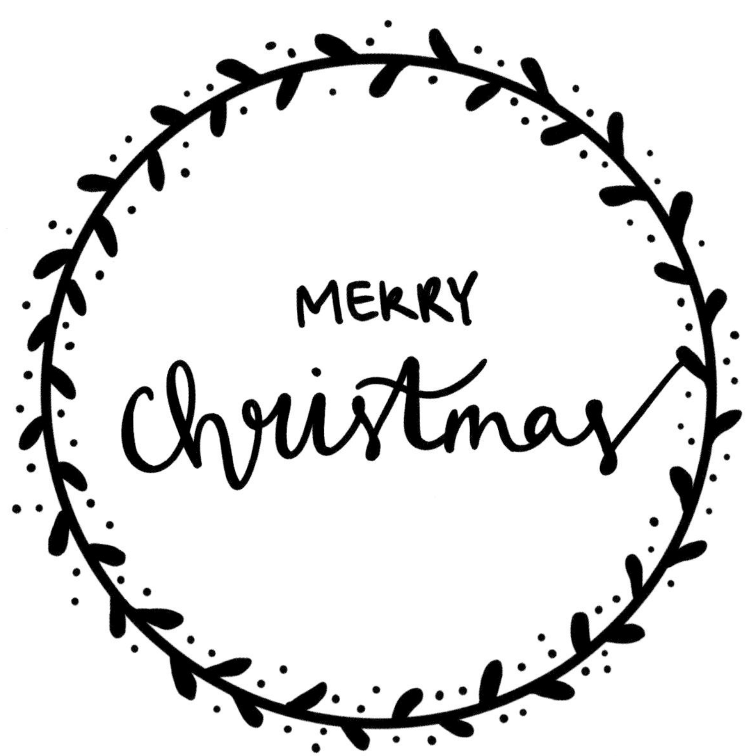

Advent,

Advent,

1	2	3	4	5	6
7	8	9	10	11	12
13	14	15	16	17	18
19	20	21	22	23	24

ein Lichtlein brennt.

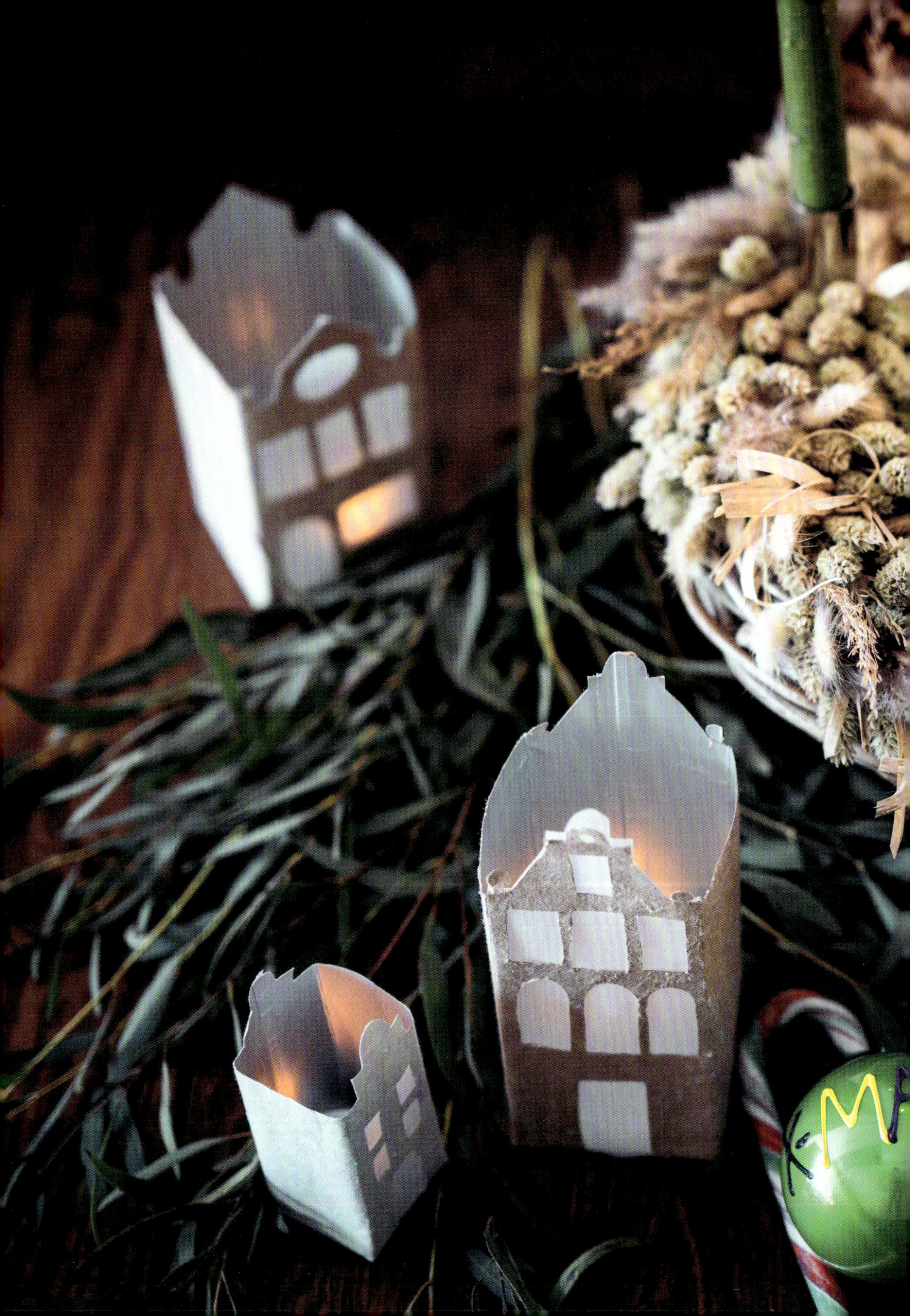

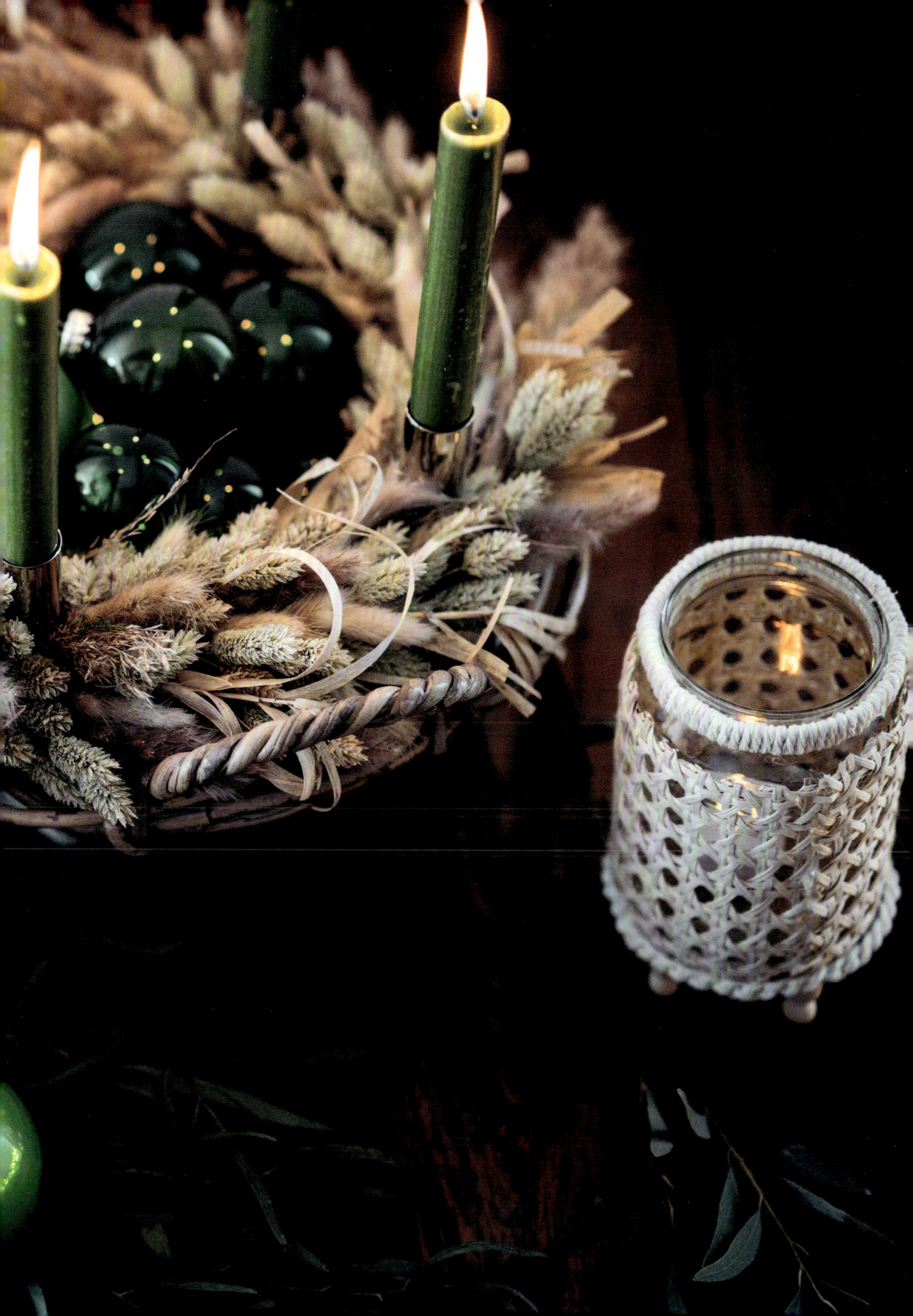

Bezugsquellen:

- Butlers GmbH & Co. KG
  www.butlers.com
- Buttinette Textil-Versandhaus GmbH
  www.buttinette.de
- Depot (Gries Deco Company GmbH)
  www.depot-online.de
- Opitec Handel GmbH
  www.opitec.de
- Rayher Hobby GmbH
  www.rayher.com

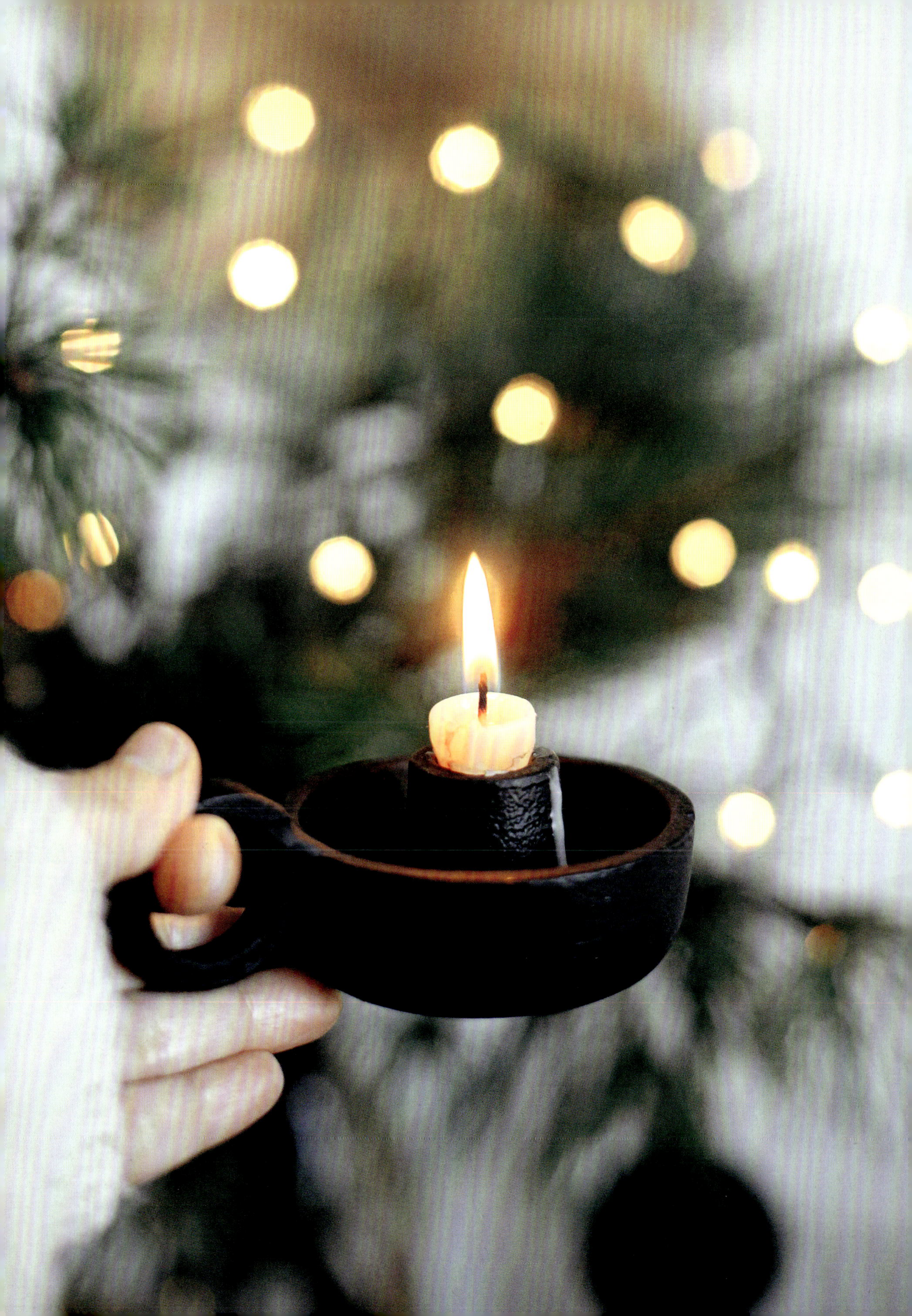

Impressum

Autorinnen:
Marion Dawidowski: S. 71, 86/87
Annette Diepolder: S. 18, 28, 36, 30, 38, 44, 60, 64, 66, 76, 80
Julika Schlüter: S. 20, 22/23, 32, 34, 40, 46, 48, 50/51, 56, 58, 68, 82, 88, 98
Veronique van den Borre: S. 16, 41, 62, 74, 86, 90

Fotografie: Anne Schulz: S. 4/5, 18, 20, 22/23, 30, 32, 34, 38, 40, 44, 46, 48, 50/51, 56, 58, 64, 66, 68, 77, 82, 88, 98; Roland Krieg: S. 16, 28, 36, 42, 60, 62, 70, 74, 80, 86, 90, 96/97
Redaktion und Produktmanagement: Xenia Kuczera
Lektorat: Mareike Weber
Umschlaggestaltung: Andreas Kersten
Layoutentwurf: Anne Schulz
Layout: Martin Jablonka
Repro: LUDWIG:media
Herstellung: Julia Hegele
Printed in Türkiye by Elma Basim

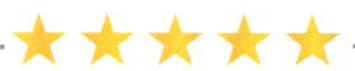

Sind Sie mit diesem Titel zufrieden? Dann würden wir uns über Ihre Weiterempfehlung freuen. Erzählen Sie es im Freundeskreis, berichten Sie Ihrem Buchhändler oder bewerten Sie beim Onlinekauf. Und wenn Sie Kritik, Korrekturen oder Aktualisierungen haben, freuen wir uns über Ihre Nachricht an Christophorus Verlag, Postfach 40 02 09, D-80702 München oder per E-Mail an lektorat@verlagshaus.de.

Unser komplettes Programm finden Sie unter

 www.christophorus-verlag.de 

 In diesem Buch wird aus Gründen der besseren Lesbarkeit das generische Maskulinum verwendet. Weibliche und anderweitige Geschlechteridentitäten werden dabei ausdrücklich mitgemeint, soweit es für die Aussage erforderlich ist.

Bildnachweis: shutterstock (S. 6/7 solmariart, S. 8, 26/27 Britt Farestveit, S. 11 bzzup, S.52/53 TabitaZn, S. 72, 78 Oksana_Schmidt, S. 84 Aleksey Matrenin, S. 92/93 Sinellia, S. 101 rontav, S. 111 Bogdan Sonjachnyj)

Die Deutsche Nationalbibliothek verzeichnet diese Publikation in der Deutschen Nationalbibliografie; detaillierte bibliografische Daten sind im Internet über http://www.dnb.de abrufbar.

ISBN 978-3-8388-3853-3

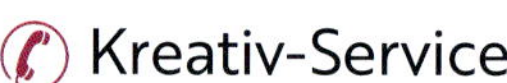

Kreativ-Service

Sie haben Fragen zu unseren Büchern und Materialien? Wir beraten Sie gern rund um alle Kreativthemen.
Rufen Sie uns einfach an. Wir interessieren uns auch für Ihre eigenen Ideen und Anregungen.
Sie erreichen uns per E-Mail kreativ-service@c-verlag.de oder unter der Telefonnummer 0049-89-1306 99 577.

Besuchen Sie uns im Internet: www.christophorus-verlag.de & www.selbstgemacht.de